The Best-in-Class Manager's Toolkit
for Success

世界のマネジャーは、成果を出すために何をしているのか？

井上大輔
Daisuke Inoue

CROSSMEDIA PUBLISHING

「マネジメントは罰ゲーム」そう思っていませんか？

とりあえず全員と
設定した1オン1
毎回自分でも
「これ必要かな？」と
思ってしまう…

「自分では手を動かすな」
と言われる
でも部下に任せて成果が
上がらないと
自分の評価が下がる…

マネジャーなのだから
ビジョンを示して
みんなをひっぱらないと…

もっと部下との距離を
近づけないと…
でも飲み会やランチに誘うのは
問題になりそう

指摘したら辞めちゃう
かもしれないから
何も言わず放っておこう

マネジメントの概念
が変わる!
世界のマネジメント
をストーリー形式
で学ぶ!

1オン1や会議は
手段ではありません。
それは手段の入れ物です

木の塊から
彫刻を削り出すような感覚で、
メンバーへの委任を細かく
デザインしていくのです

マネジメントとは、
わかりやすく言えば、
同じ材料、設備、人員で、
なるべく多くのハンバーガーを
つくるゲームなのです

大事なのは
友達関係ではなく、
「上司と部下の関係」
を築くことです

人が腹を立てるのは、
軌道修正そのものに対して
ではありません。
問題はその「やり方」なのです

はじめに

じゃあどうすればいいんだよ！

中間管理職をやっていると、そう叫びたくなる時があります。

目標は厳しくなる一方で、メンバーの負担は減らせと言われる。上司からはチームの管理ができていないと注意され、メンバーからは上ばかり見ている、と非難される。嫌われる覚悟が必要だ、と説教された次の日には、メンバーの心がつかめていない、と諭される。

では、どうすればいいのでしょうか。そんな言葉が喉元まで出かかったところで、上司は立ち上がってこう言います。

「では頼んだぞ。君はマネジャーなのだから。マネジャーの仕事は、なんとかすること、だからな」

これでは、マネジャーは罰ゲームだ、などと言われるのも無理はありません。

なぜ、マネジャーはこのような立場に立たされてしまうのでしょうか。

その問題を考えるにあたって、最初に一つ質問です。

自分の会社における「マネジャーの定義」を聞いたことがあるでしょうか。

「なんとかすること」は、「何かをすること」と言っているのと同じです。全く定義にはなっていません。

マネジャーの役割がはっきりと定義されていないこと。

それが、マネジャーに重くのしかかる鉛の積み木の、1段目のブロックです。

仮に役割がはっきりと定義されていれば、マネジャーが「やらなくてはならないこと」と同時に、「やらなくてもいいこと」が明確になります。

逆にそこがはっきりしていないと、「やらなくていいこと」の境界に穴が空いたような状態になり、そこからあれもこれもと面倒な仕事が入り込んできてしまうのです。

そうしてマネジャーの役割がしっかり定義されていないと、どんなトレーニングをして、どんなスキルを身につければいいのかもわかりません。

これが積み木の2段目のブロックです。

野球の内野手や外野手は、それぞれ守備位置や役割が明確です。だからショートであればグローブさばきとコントロール、センターであれば肩の強さと足の速さなど、必要とされる能力もはっきりしています。

しかし、仮に「なんとかすること」が役割の新しい野球のポジションがつくられ、そこに突然自分があてがわれたらどうでしょう。

どんな能力を身につけ、磨いていけばいいのか、さっぱり見当がつかないのではないでしょうか。

マネジャーがどんな能力を身につけ、磨いていけばいいのか見当もつかない。

それはマネジャー自身のみならず、会社全体の迷いだったりするので話は厄介です。

そんなわけで、マネジャーのスキル不足が課題だということになると、では外部の講師でも呼んで「管理職研修」をやろう、などということになります。

しかし、考えてみてください。

全くの野球の素人が、数時間の「ピッチャー研修」を受けただけでは、草野球チームですらピッチャーは務まらないでしょう。

年に数回、数時間の研修を実施しただけで十分だと考えられている。それは、マネジャーにとって必要なスキルが何なのかがよく理解されていない、何よりの証拠なのです。

マネジャーに重くのしかかるそんな鉛の積み木は、平成から令和の世のなかになって、さらにカサが増してしまいました。

マネジャーを取り巻く「空気」が変わったのです。

かつて昭和の時代には、年長者や上司の言うことは素直に聞くべきだ、という空気が大体どこの会社にもありました。

出世することは成功のシンボルで、大企業の課長や部長はみんなから羨ましがられる、という社会の空気もありました。

しかし、平成を経て令和の世のなかになると、インフルエンサーや起業家、個人投資家など、ビジネスの世界における成功のシンボルは多様化してきました。課長や部長などのマネジャーは、もはや羨望の的ではなくなってきたのです。

社内の空気も、「ダイバーシティ」や「心理的安全性」の名の下に、むしろ上司が部下に気を配るべきだ、と正反対に様変わりしつつあります。

社会全体として見れば、こうした空気の変化は、決して悪いことではありません。しかし、マネジャーにとっては心を挫《くじ》く致命傷になりかねません。これまで、のしかかっていた重りをいくらか軽くしてくれていた空気が、ガラッと変わって追加の重りになってしまったのですから。


もうダメかもしれない……。

現役のマネジャーなら、誰もが一度は、そんな心の叫びを必死に飲み込んだことがあるのではないでしょうか。


かくいう私も、日々積み重なるプレッシャーと戦う、現役のマネジャーです。

だからこそ、辛《つら》い辛いと愚痴ばかりを言っていては、仕事は余計に辛くなっていく一方だ、ということもわかっています。

ですので、ここからは、それをどう乗り越えていくかを考えていきましょう。

マネジャーの身の上には、重い鉛の積み木がのしかかっています。そんな積み木こそ、本来やりがいがあり、見返りも大きいマネジャーの仕事を「罰ゲーム」にしてしまっている張本人です。

しかし、幸いなことに、この広い世界にはそんな積み木を打ち崩すハンマーがあるのです。

私は、これまで3社のグローバル企業でマネジャーを務め、その後3社の日本の上場企業でマネジャーを勤めてきました。

そう言うと順風満帆に聞こえるかもしれませんが、子供の頃から団体行動が大の苦手で、常に周りを困らせてしまうタイプだった私に、マネジャーの適性など本来あるはずもありませんでした。

自分の世界にこもって一つのことを追求するのが好きな私の性格は、メンバーの頃はよい方に働きそれが結果にもつながったのですが、そんな結果が評価されてマネジャーになってからは最悪の相棒となりました。

最低の上司だ……。自分でもそう自覚しつつ、一度ゴミだらけになってしまった部屋は片付ける気がおきなくなるのと同じ要領で、100ある難点を全て開き直って放置してしまう。私はそんな、いわば「0点のマネジャー」でした。

このままでは自分は終わりだ。

そんな危機感に襲われた私を救ったのは、「言語化」の力でした。

マネジャーの役割とは何か。その役割を果たすためにはどんな能力を身につけ、それをどのように磨いていけばいいのか。自分の世界にこもりがちな性格を逆手にとって、それを徹底的に言語化・体系化してみよう。私はそう思い立ったのです。

私がマネジャーの第一歩を踏み出したのが、日本企業ではなくグローバル企業だったことがここで幸いしました。

グローバル企業は、人種と文化のるつぼです。それぞれが異なる「行間を読む」のセンサーを持ち合ったチームでは、曖昧さは必ずと言っていいほどトラブルを引き起こします。そんなわけで、あらゆることが言語化され、明確に定義されているのがグローバル企業なのです。

全ての仕事にはジョブ・ディスクリプション（職務記述書）があり、その仕事をやってみたい、という気持ちもアプライ・フォーム（応募申請書）で言葉にしなくてはなりません。

マネジャーの役割や、マネジャーに必要とされるスキル、それを身につけるための手順も例外ではありませんでした。

そうして言語化された定義や手順を、私は人一倍熱心に学び、実際の業務で試してみながら、断片と断片をつなぎ合わせ一冊のマニュアルとして体系化していきました。並外れて向いていなかった。だからこそ、そこまでしないとマネジャーの仕事を人並みにこなすことはできなかったのです。

ただ、この経験は、後に「グループマネジャー」となった時にとても役立ちました。

グループマネジャーとは、課長を束ねる部長や、部長を束ねる本部長のように、複数のマネジャーを管理する「マネジャーのマネジャー」のことです。

グループマネジャーの最も大事な仕事の一つは、マネジャーを育てることです。才能に恵まれず、苦労して何かを身につけた人ほど、それを他の誰かに手解きするのは得意だったりするものです。マネジャーとしての適性が0点だった私は、そんなわけでグループマネジャーとしては力を発揮することができています。

この本は、私がそんな悪戦苦闘をベースに考え出し、実務を通じて磨いてきたマネジャー向けのトレーニングプログラムを書籍にしたものです。

本来のマネジャー向けトレーニングは、座学があって、そこで得た知識を実践する場があって、それに対するフィードバックがあって、と現場の仕事をベースにしたものです。

それをなるべく再現するために、この本はチームのマネジメント（ピープルマネジメント）に苦戦する若いベンチャー経営者の架空の物語を通じて、対話形式でその本質を学べるように書かれています。

1章と2章では、マネジャーの役割をはっきりとさせ、その目指すところを明らかにします。積み木の1段目を打ち崩すハンマーです。

いくら自分がそれを理解していても、会社の上層部の意識が変わらなければ、境界に空いた穴から余計な仕事が流れ込んできてしまう状況は変わらない、と思うかもしれません。しかし、自分ではその「本来の役割」をしっかりと理解することで、マネジャーはそんななかでもノイズをかき分けて業務の本質を見つけ出し、そこにフォーカスし続けることができます。

芯を食った批判にはしっかりと耳を傾けつつ、理不尽なヤジには振り回されず、それをうまくいなして本来の仕事に集中する。常にノイズに囲まれて仕事をするプロアスリートのなかでも、圧倒的なパフォーマンスを発揮するのはそんな人でしょう。マネジャーも同じです。

そうしてマネジャーの役割がはっきりすれば、どんな能力を身につけ、磨いていけばいいのかも明らかになります。続く3〜7章では、それらを身につけるための具体的なステップをひも解いていきます。

マネジャーは、このもう一つのハンマーを身につけることで、積み木の2段目を打ち崩すことができるようになるでしょう。

ここで学んだことをすぐに実践できるように、各章の終わりには実務のガイドと、予行練習をするための「ワークシート」も用意しています。

このすぐ後の19ページには、これから学ぶ知識の全体像が整理されています。今はまだ何を言っているのかよくわからないと思いますが、遊びはじめたゲームのフィールドマップを見る感覚で、まずはざっくりと目を通してみてください。

さて、準備はいいでしょうか。

それではいよいよ、マネジャーという名の「罰ゲーム」を終わらせる積み木崩しを始めましょう！

目的	手段	アクション	ルーティーン
ゴールを達成するためにチームの生産性を最大化する	［リレート］関係をつくる	●「ルールに基づく関係」をデザインする ●「感情に基づく関係」をデザインする ●「互恵性に基づく関係」をデザインする	
	［デリゲート］任せる	●評価する ●アサインする ●モニターする ●見直す ●介入する	
	［キャリブレート］軌道修正する	●アサーティブにコミュニケーションする ●フィードバックの3原則 ●ティーチングとコーチングを使い分ける	目標設定 評価 1オン1 チームミーティング・オフサイトミーティング 採用・異動・組織変更 研修
	［モチベート］背中を押す	●フィードバックとハグ ●セルフエフィカシーをコントロールする ●チャレンジングかつアチーバブルな目標設定	
	［ファシリテート］チームワークをつくる	●KPIツリー ●議論を合意 ●説明責任	

［世界のマネジャーは、成果を出すために何をしているのか？ 目次］

第1章 そもそもマネジメントとは何か

第2章 マネジメントの全体像

第3章

リレート：

「部下と仲良くなる」のではなく「理想的な上司と部下の関係をつくる」

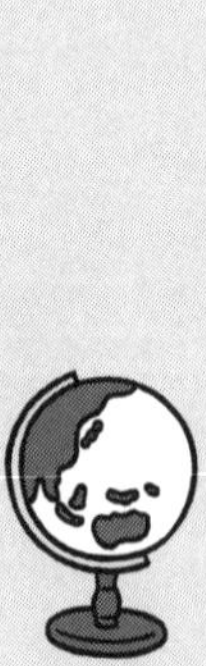

第4章

デリゲート：「自分では手を動かさない」のではなく「任せるというアクションをする」

第5章 キャリブレート：

「褒めて伸ばす」だけではなくコースを外れそうな時は「軌道修正する」

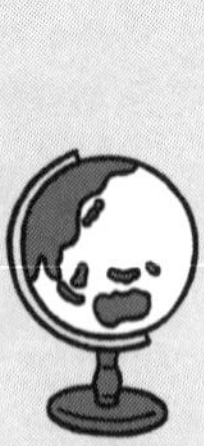

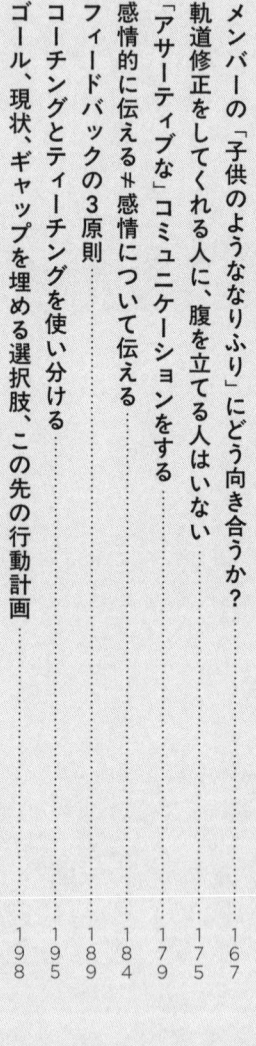

第6章
モチベート：「上司も部下も会社の機能」と割り切るのではなく「人としての強さ・弱さ」を意識する

第7章 ファシリテート：

エゴは「取り除く」のではなく「うまく活かす」

ブックデザイン　金澤浩二
イ ラ ス ト　小幡彩貴

第1章

そもそもマネジメントとは何か

Chapter 1

「このチームは終わってる」。そうメンバーに非難された時、マネジャーはどうするべきなのか？

待ち合わせの時間より15分近く早く着いたので、さすがにその人はまだ来ていないようだった。「ネオワーク乃木坂」のラウンジには、エスプレッソマシンを清掃するスタッフを除いては、黒縁メガネをかけた白髪の外国人がいるだけだ。

フルさんは必ず時間前に来るから、内藤くんは10分前には着いておいて。このアポを調整してくれたヤスさんからはそう念を押されていた。ヤスさんは、僕の会社の大株主であるベンチャーキャピタル（ＶＣ）の運営者で、これまで何度も会社の危機を救ってくれた恩人の一人だった。

「フルさん」とは、ヤスさんが運営するファンドの出資者の一人で、ピープルマネジメントのプロだという話だった。

外資系の大手消費財企業、ユニバースの日本支社代表を長い間務め、引退してからは都内でカフェを数軒運営しつつ、僕らのようなベンチャー企業に投資をしているのだという。

ヤスさんがフルさんとの面会をアレンジしてくれたのは、僕が経営する会社のチームマネジメントに行き詰まりを感じているからだった。


僕の会社は過去に一度、組織崩壊を経験していた。

そこから死に物狂いで立て直しを図り、今は何とか平常運転をキープしていたが、なかから見れば組織がうまく回っていないことは誰の目にも明らかだった。

社内の空気は殺伐としており、「この会社は終わっている」などという経営批判が、公開のスラックチャンネルで堂々と行われるような状態だった。

組織崩壊のトラウマから、チームマネジメントに関しては何をするにも臆病になってしまっていた僕は、そんな状況にどう対処すればいいかわからず、平静を装いながらも心のなかでは袋のネズミのように慌てふためいていた。


組織崩壊は一昨年の暮れに始まった。

僕以外の共同創業者二人が同時に会社を去り、その後二人を慕うメンバーが後を追うように退職してしまったのだ。

創業以来右肩上がりに大きくなり、ピーク時には60人近くを数えていた所帯が、一時は30人を割り込むまでに縮小してしまっていた。

僕は残りのメンバー全員を集めて全社集会を開き、かつ全員と1オン1をして会社の未来と健全性を説明して回った。

それが功を奏したのかどうかはよくわからないが、新年度が始まる頃には退職の波が収まった。そして兼務や抜擢人事で急場をしのぐことで、基幹業務が普通に回る程度までには、会社は何とか落ち着きを取り戻したのだった。


その後、抜けたメンバーの補填は思いの外順調に進んだ。

コロナ禍の先行き不透明感からアメリカのIT大手が大量にレイオフ（一時解雇）をしていた時期で、国内の大手も採用を控えており、タイミングよく一時的な買い手市場になっていたことが僕らには幸いだった。

ひとまず胸を撫で下ろした僕は、採用を最優先にして幹部を集めにかかった。システム開発やマーケティング、資金調達にかまけて、人事をおろそかにしていた反省を踏まえたのだ。

ヤスさんからヘッドハンティングの会社を紹介してもらうと、人事を通さず僕が直接コンタクトをとった。そこから苦節一年。営業・マーケ・システム開発・財務それぞれの担当役員を、名だたる有名企業から迎え、どこに出しても恥ずかしくない経営チームをつくり上げた……はずだった。

僕の独りよがりな態度が共同創業者二人の退職を招いた、という反省から、新しい経営メンバーには気遣いを忘れず、それぞれの領域には基本口を挟まないことにした。

しかし、今思えばこれが新たな袋小路の入り口だった。

社内の殺伐とした空気は、物理的にも感じることができた。オフィスは、若いベンチャーにしては異様に静まりかえっており、BGMがやたらと耳につく。

リモートで働く人はコロナのピーク時近くにまで増え、そもそも出社している社員の数が大幅に減っていた。

顔ぶれが固定されたメンバーの間で交わされる会話にも、険悪さこそないが、どこか体温が感じられなかった。


毎週水曜日の経営会議は、そんなオフィスの雰囲気を映す鏡のようだった。

僕らの経営会議では、幹部からそれぞれの領域の報告があり、最後に僕が今後の経営スケジュールを共有する。雑談や無駄話がないわけではないが、そこには常に、本来ベンチャーの経営会議にあってはならない「冷めた空気」が漂っていた。


そのうち、しばらく止まっていた退職が少しづつ増え始めた。

幹部からフサがもげるような退職はまだなかったが、現場のメンバーが一人、また一人と会社を去っていく。

そんな時、最古参メンバーの一人で、オフィスがマンションの一室だった頃からインターンとして経理を手伝ってくれていた、ファイナンスマネジャーの山本さんが退職すると聞いた。僕はさすがに慌てて、約1年半ぶりの1オン1をセットした。

「この会社は終わっていますよ」

目にうっすらと涙を浮かべながらそう語る山本さんを見て、僕は悲しむよりも先に怖くなってしまった。この会社は、もしかしたら本当に「終わってしまった」のか……。

会社の輝かしい未来を語って引き止めることはおろか、感謝や労《ねぎら》いの言葉をかけてあげることもできず、ただ黙って力なく頷くだけの社長。そんな僕の姿を、山本さんは一体どんな目で見ていたのだろう。

魂が抜けたように席に戻った僕は、茫然と窓から見える東京タワーを眺めていた。

事業は回っていて利益も出ていた。資金調達は何ならできすぎたぐらいだ。
それなのに、今この会社は、僕の人生そのものである株式会社TEAMは、チームマネジメントの袋小路にはまって早くもオワコンになってしまった、のかもしれない。

ふと我に返って時計を見ると、すでに約束の時間だった。

僕は慌てて立ち上がり、ネオワーク乃木坂のラウンジを見渡した。その後誰も入ってきていないことを確認すると、スマホを取り出し、ヤスさんからのメールに書いてあったフルさんの電話番号を慌てて探す。

「ナイトウさんですか」

そう声をかけられ顔を上げると、先ほどから窓際の席に座っていた、黒縁メガネの白髪の外国人が僕の目の前に立っていた。

「フルビオです。ヤスさんから話は聞いています。この上に私のオフィスがあるので、勉強会はそこでやりましょう」

ふと我に返った僕は、慌てて椅子から飛び上がり、よろしくお願いします、と90度に頭を下げた。

「エスプレッソはラウンジにしかないので、ここでもらってから行きましょう」

フルさんはそう言いながら、僕の目をじっと見て父親的に微笑んだ。

*　*　*

フルさんの事務所は、小さなレンタルオフィスも備えたコワーキングスペース「ネオワーク乃木坂」の2階の小さな一室だった。

「このエスプレッソが気に入って、ここのオフィスに決めました」

フルさんは、席につくなりダブルで淹《い》れたエスプレッソにスティック砂糖を2本入れて、一緒に持ってきた木のマドラーで優しくかき混ぜた。

フルビオという名前の響き、そして「エスプレッソ」の発音から察するに、フルさんはどうやらイタリア人のようだった。

思えばプライベートなことに関しては、ヤスさんからはなんの事前情報も聞いていなかったので、僕はフルさんを「古田さん」か「古谷さん」あたりだと勝手に決めつけていた。

もっとも、僕の目の前の老紳士は、日本人が抱く一般的なイタリア人のイメージとはかけ離れていた。

全く陽気そうではないし、ましてや情熱的でもない。動きや言葉遣い、整理整頓されたオフィスからは、むしろ突き詰められた几帳面さを感じる。

「株式会社TEAMが、チームの機能不全に陥ってしまっているわけですね」

フルさんは僕が渡した名刺をしばらく眺めた後、僕の目を見て真顔でそう言った。冗談でそう言っているのか、語呂合わせに気づいていないのかは今一つはっきりとしない。

「僕たちTEAMは、契約書の自動チェックサービスを提供するリーガルテックの会社です。共同創業者の3人が好きだった『SUITS』というアメリカの弁護士ドラマがあるのですが、いつも最後にはみんなで力を合わせて難題を乗り切るチームワークが見どころで。それで会社名をTEAMにしました」

フルさんは僕の目を見つめたまま、表情一つ変えずにゆっくりと2回頷いた。

「私のことは、ヤスさんから聞いていますか？」

「はい、長らくユニバースの日本支社長をやっていらっしゃったと。人材マネジメントのプロだと伺っています」

僕がそう言うと、フルさんは目を大きく開けて体をのけぞらせた。イタリア式の謙遜なのだろうか。

「まずはお互い自己紹介をしないとですね」

そう言うと、フルさんはキャビネットのなかから古い写真を取り出した。

軍服を着て登山リュックのようなものを背負った若い男性が、山の頂上のような場所で敬礼をしている写真だった。


フルさんは、祖父の代から続くイタリア山岳部隊の家系だ、ということだった。

フルさん自身もファーストキャリアでは軍人を志し、モデナの陸軍士官学校を卒業すると、希望通りフランス国境を守る山岳部隊に配属されたのだという。

しかし、何か思うところがあったのだろう、30代も半ばを迎えた頃ビジネスの世界に転身しようと思い立つ。そして10年以上所属したイタリア陸軍を離れ、ミラノの大学に入り直してマーケティングを修めたそうだ。

大学卒業後に入社したミラノのパスタソースメーカーが、消費財大手のユニバースに買収された後は、同社で順調に出世して各国の支社長を歴任した。

日本支社長時代に、部下の一人だった今の奥さんを見初《みそ》めて結婚し、ロシア勤務を経て同社をリタイアした後は、家族で日本に戻ってそれ以来東京を離れたことはないという。

僕も続けて自己紹介をした。

大学在学中に予備試験経由で司法試験に合格し、勉強中に思いついた事業を形にするべく学生起業したこと。僕を兄のように慕ってくれていたサークルの後輩と、同じサークルの同期で起業家志望だった女性と3人で会社を立ち上げたこと。資金は両親から借金をした僕が全額出資し、二人は執行役員ではあったものの、株主でも商法上の役員でもなかったこと。

その後の事業拡大、資金調達、そして組織崩壊のこと。

「ありがとうございます。よくわかりました。それでは始めましょう」

フルさんはそう言うと立ち上がり、ペン立てから黒いマーカーを物色して、ホワイトボードの前に立った。

リーダーとマネジャーは別物

「内藤さんは、マネジャーとしての自分の、何が一番問題だと考えていますか?」

フルさんの質問は単刀直入だった。

「やらなきゃいけない、と思って手をつけられていないのが、ミッション・ビジョン・バリューを整理することです。共同創業者の二人とは、そういうのは言葉にしなくても共有できていたと思うのですが、新しい経営チームはその点では正直バラバラかもしれません」

僕がそう答えると、フルさんはホワイトボードに目をやり、マーカーのキャップを外してしばらく何かを考えてから、またキャップを元に戻した。

「オーケー。なぜ手をつけられていないのですか？」

「僕がトップダウンで決めるべきなのか、みんなで話し合って決めるべきなのかを迷っていまして。会社のビジョンなので僕以外に誰が決める、という思いがありつつも、今の経営メンバーだとトップダウンは反感を招くかなとも思ったりもして」

「わかりました。他には何が問題だと思いますか？」

「他には。そうですね。最近正直、僕自身の精神状態があまりよくないので、みんなからは迷いがあるように見えているかもしれません。正しいのか間違っているのかわからない道でも、自分を信じて猛烈に突き進んでいく。それくらいじゃないと、スタートアップの経営者は務まらないと思うのです。最近の僕にはそういう勢いがあまりなくて」

フルさんはふと窓の外の空を見上げ、小さな声で何かを呟くと、再び僕の方を振り向いてこう言った。

「内藤さんはリーダーの話をしている。私はマネジャーの話をしている」

リーダーとマネジャー。

改めてそう言われ考えてみると、僕にはその違いがよくわからなかった。

「違いは何か、わかりますか？」

「リーダーは、5人くらいの小さなグループの、実際にはあまり権限を持たない責任者、みたいなイメージがあります。アイドルグループの最年長メンバーのような。マネジャーという言葉からは、それよりもっとおごそかな、より偉い人の雰囲気を感じます」

「どちらかというと逆、ですかね」

そう言われて顔を見上げると、フルさんはどこか楽しそうに微笑んでいた。

「英語圏で『リーダー』というと、会社でいえば社長か、せいぜい経営陣を示します。逆に○○マネジャーなどという肩書きが当てられるのは、それこそ数人からなる小さなグループの長、日本でいうと係長や課長に当たるポジションの人たちです」

「確かに逆、ですね」
「例えば、今ここで、アップルの経営陣について調べてみてください。日本語でアップル経営陣、などと検索すると役員紹介ページが出てくると思いますが、URLを見ると末尾がleadershipとなっているはずです。アップルでリーダーといえば、そのページに出てくるような人たちのことなのです」

僕は実際にスマホで「アップル　経営陣」と検索してみた。

「Appleの役員について」というページがヒットし、クリックすると現CEOであるティム・クック氏のはにかみ顔が目に飛び込んでくる。

なるほど、アップルで「リーダー」といえば、つまりはクック氏やジョブズ氏のことを示すわけか。

「リーダーというのは、本来は国とか宗教の『指導者』に対して使われる言葉です。教える人、という意味の指導者ではなく、行き先を『指』し示し人々を『導』く『者』という意味の指導者ですね。その意味では、スティーブ・ジョブズを指導者と呼んでも違和感はないですが、いくら大企業でも現場の係長を指導者、と呼ぶのは明らかに変ですよね」

行き先を「指」し示し、人々を「導」く「者」が指導者＝リーダー。ナポレオンやリンカーン、ガンジーやマンデラなどは、確かにそんな存在だ。そうした「指導者」たちと並び称するのだとすると、何ならスティーブ・ジョブズやビル・ゲイツでもギリギリくらいなのかもしれない。

「係長や課長など現場レベルの中間管理職たちは、基本的にはリーダーというよりはマネジャー、日本語で言うなら『管理者』ということになります」

「リーダーは指導者。マネジャーは管理者。確かにそう考えると、グローバル企業でティム・クックのような人がリーダーと呼ばれるのも、係長や課長にあたる人がマネジャーと呼ばれるのも合点がいきますね」

「ここにはいろいろな意見や考え方がありますので、文句のある人もいるかもしれませんが、実際のビジネスで成果を出すマネジャーを育てるには、そう整理するのが一番理に適《かな》っていると私は考えています」

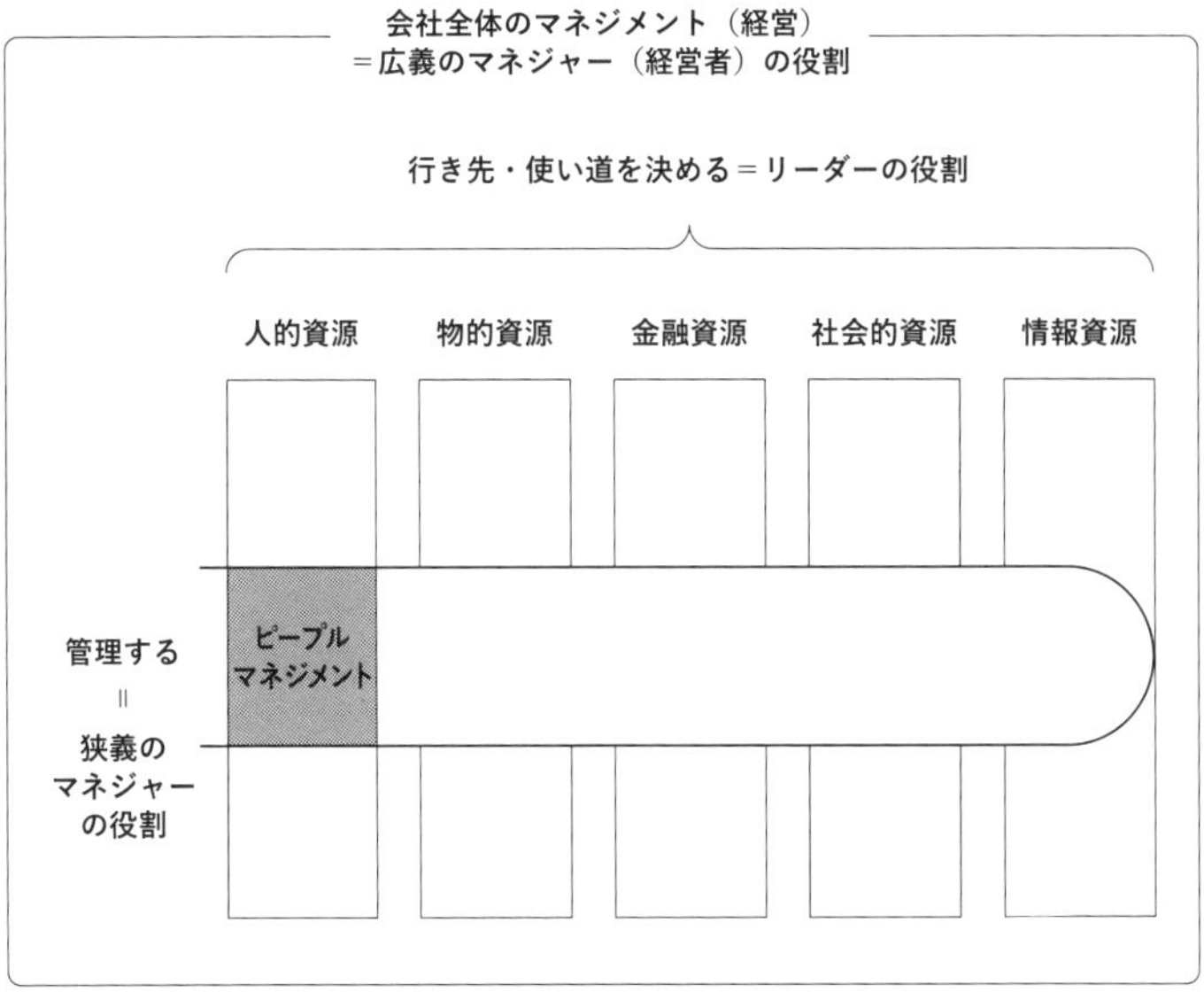

「なるほど。経営陣のことをマネジメント、などと呼ぶこともありますが、だとするとあれは間違った使い方なのですね」

「それはそれで決して間違ってはいません」

　そう言うと、フルさんはホワイトボードに向き合い、几帳面にながら迷いなく、一枚の図を書き上げた。

「そこで言うマネジメントは、会社全体を管理する、という広い意味でのマネジメントです。そのなかには、リーダーがヒト・モノ・カネなどの行き先や使い道を決めて、狭い意味でのマネジャーがそれらを管理する、という2

つの役割がいずれも含まれています」

「オーナー陣であるヤスさんやフルさんたち出資者は、会社の管理を僕たち経営陣に任せてくれているわけですからね。その点僕たちは会社の管理者＝マネジャーである、と。そのなかにリーダーの役割と、狭義のマネジャーの役割が両方含まれている、ということは、僕のような経営者は、広義のマネジャーであり、リーダーであり、かつ狭義のマネジャーでもあるわけですね」

「そして、今回私がヤスさんから仰せつかっているのは、そのうちの『狭義のマネジャー』のトレーニングである、ということをまずここでお断りしておきます。特にそのなかでもメインのトピックである人の管理、つまりピープルマネジメントにフォーカスしていきます。この先この勉強会における『マネジャー』や『マネジメント』という言葉は、その意味で理解してください」

　僕は慌ててカバンからリーガルパッドとペンを取り出すと、これまでの話のポイントをメモにとった。

◎リーダーとマネジャーは、本来それぞれ別の役割。リーダーは指導者、マネジャーは管理者
◎経営者（広義のマネジャー）は、リーダーの顔と、（狭義の）マネジャーの顔、その両方を併せ持っている

同じ材料、設備、人員でなるべく多くのハンバーガーをつくる

「先ほどのホワイトボードの図でリーダーの役割となっている、『行き先・使い道を決める』というのは、ビジョンやミッションを設定する、ということですよね」

「加えて、そこに至る道のりのグランドデザインとして戦略を決めること、です。戦略とは何か、を議論し始めるとそれだけで一冊本が書けてしまうので、ここではざっくりと、ヒト・モノ・カネをどこに集中させるか、だと考えてください」

「そしてマネジャーは、その戦略を実行するべく、ヒト・モノ・カネ、主には人を管理していくわけですね。管理する、というのは、問題を起こさないように見張っておく、ということでしょうか。あるいは、トラブルに見舞われないように見守っておく、みたいなことなのでしょうか」

そう尋ねると、フルさんは上目遣いで僕を見て口元を緩めた。

「ひとたびリーダーがハンバーガーを沢山つくろう、と決めたら、マネジャーの仕事は、あてがわれたメンバーを管理してそれをできるだけ沢山つくることです」
「ハンバーガー？」
「ここに全く同じキッチンセットが3つあるとしましょう。それぞれのキッチンに、同じ経験値のアルバイトが3人ずつ配置され、同じ分量のハンバーガーの材料が配られているとします。そして、A・B・Cの3人のマネジャーが、それぞれ3つのキッチンに割り当てられます」

フルさんはそう言うと、ホワイトボードに大きくA・B・Cと書き込んだ。

「各チーム合計8時間作業をし、Aのチームはハンバーガーを1000個、Bは500個、Cは300個をそれぞれつくり出したとします。この時、マネジャーとして最も優れているのは誰でしょうか」

「A、ですかね」

「そうですよね。では、Aの一体何が、他のマネジャーより優れていたのだと思いますか？」

「同じ設備、材料、人員で、より多くのハンバーガーをつくり出したところ、ですかね」

「Aにはなぜ、そんなことができたのでしょうか」

「なぜか。チームのメンバーの力を、一番上手に引き出したから？」

「その通りです」

フルさんはそう言うと、僕の目をじっと見て、改めてうなづいた。

「リーダーの定めたゴールにいち早く辿りつくために、あてがわれたメンバーの力を最大限に引き出すこと。それこそがマネジャーの仕事の本質です。ピープルマネジメントとは、わかりやすく言えば、同じ材料、設備、人員で、なるべく多くのハンバーガーをつくるゲーム、なのです」

フルさんは、そう言い終えると、A・B・Cの下に1000、500、300という数字をそれぞれ書き加え、Aの上に王冠の絵を描いた。

その間、僕は慌てて今のポイントをメモにとった。

◎マネジャーの仕事とは、リーダーの定めたゴールにいち早く辿りつくために、あてがわれたメンバーの力を最大限に引き出すこと
◎ピープルマネジメントとは、同じ材料、設備、人員でなるべく多くのハンバーガーをつくるゲーム

チームのパフォーマンス改善にはさまざまなレバーがある＝マネジャーは忙しい

「先ほど内藤さんは、『チームのメンバーの力を上手に引き出す』と言いましたね。それは具体的には、どういうことをイメージしていますか？」

「アルバイト3人をうまくやる気にさせる、みたいなことですかね。例えば」

「例えば。他にも何か例が思いつきますか？」

「チームの雰囲気をよくする、とか。全員楽しく仕事ができていて、それぞれがやる気に満ち溢れているチームは、それだけ生産性も高そうです」

僕がそう言うと、フルさんは少し首を傾げ、天井を見上げるようにして小刻みに頷いた。

「少し質問を変えてみましょう。同じことを2日目もやることにして、内藤さんが2番手のBのチームのマネジャーを引き継ぐことになったとします。Aに逆転勝ちするべくチームのパフォーマンス改善を図るとしたら、内藤さんにはどんな手立てが考えらえますか？」

そう言われると負けず嫌いの血がさわぐ。

60人の社員を預かる経営者の端くれとして、3人のアルバイトの管理でおいそれと負けるわけにはいかない。

僕はこれまでのビジネス経験を振り返り、そのなかから真剣に勝ち筋を探ってみた。

「そうですね。まずは役割分担を見直しますかね。肉を焼く担当。バンズを焼く担当。それをセットにして完成品にする担当。ハンバーガーの調理は、一般的にはそんな感じで役割分担されているのだと思いますが、その分担の切り方とか、担当の割り当てを改善できるかもしれないので」

「その時、内藤さん自身は何をしますか？」

「自分も何か作業を担当すると思います。さっき言ったように担当を分けたのであれば、完成したハンバーガーをラッピングする人がいないので、例えばそれをやるとか」

「プレイング・マネジャーになる、ということですね」

そう言うフルさんの口調には、念のために確認しておくが、という含みがあった。

「プレイング・マネジャーはよくないのでしょうか？」

「そんなことはないですよ。ただ、とてもとても難易度が高い、というだけです」

「ベンチャー社長は、創業してから数年の間は、ほぼ全員がプレイング・マネジャーをやっていると思います。その意味では、確かに大変だと思いますが、僕は若干慣れているかもしれません」

僕がそう言うと、フルさんはウィンクするように顔の右半分で笑った。

「例えば、3人のアルバイトの作業をくまなくチェックして、サボっているメンバーがいれば注意をし、頑張っているメンバーがいれば褒めて勇気づけてあげる。そうした仕事を、ハンバーガーを必死にラッピングしながらこなすのはかなりの離れ業ですよ」

マネジャーの職にある人が、手が足りなければ自分も臨時でメンバーの仕事をする、ということと、メンバーの仕事「をしながら」、マネジャーの仕事「も同時にする」というのはまた別の話、ということか。

これまで僕は自分自身をプレイング・マネジャーだと勘違いしていたが、僕がやっていたのは「マネジャーときどきプレイヤー」、何なら「プレイヤーときどきマネジャー」だったのであって、「マネジャー兼プレイヤー」では決してなかったわけだ。

「つくったハンバーガーの数をカウントし、目標と進捗の差を確認したうえで、分担や作業割り当ての調整をする。例えばそんなことも大事なマネジメント業務ですよね。そうしたメインの仕事をこなしながら、同時に自分でも作業を担当できる神がかり的な器用さがあれば、プレイング・マネジャーを目指すのも悪くはないでしょう」

たまにマスクをかぶる「監督兼キャッチャー」も十分に珍しいが、毎日試合に出る正捕手を務めながら同時に監督業もこなしていた人は、プロ野球の歴史に詳しい僕にもパッとは思い浮かばない。フルさんが「神がかり的な器用さ」と言うのも、そう考えると確かに頷けた。

僕は反省文を書くような心持ちで、今のポイントをリーガルパッドにメモした。

◎マネジャーの職にある人が、手が足りなければ自分も臨時でメンバーの仕事をするということと、メンバーの仕事「をしながら」、マネジャーの仕事「も同時にする」というのはまた別の話
◎「マネジャーときどきプレイヤー」は、本当の意味での「プレイング・マネジャー」ではない

下位の管理職ほどマネジャーの比率が高く、上位ほどリーダーの比率が高い

「マネジャーは本当にやること盛り沢山なのですね。そんな仕事をリーダーの仕事と両立しなくてはならない経営者というのは、改めて大変な仕事に思えてきました……」

「ただ、経営者にとって救いなのは、管理の仕事は中間管理職に大部分を任せられる、ということです。中間管理職というのは、その名前が示す通り、トップがリーダーの仕事に集中できるよう、その管理の仕事を肩代わりするための存在なのです」

「中間管理職は、リーダーの仕事を肩代わりすることはできないのでしょうか？」

「例えば社長が戦略的な意思決定をするお膳立てをしたり、全社戦略の下で部門の戦略を考えたりと、中間管理職がリーダーの仕事を一部肩代わりすることはあります。ただ、行き先を決める船頭が多いと、船は山に登ってしまうといわれますよね。そのような混乱を避けるために、中間管理職に肩代わりしてもらうリーダーの仕事は、必要最小限に絞られる必要があります」

「戦略とはヒト・モノ・カネをどこに集中させるか、だと先ほどフルさんはおっしゃっていましたが、例えばそれを別々の部門の中間管理職たちにそれぞれ提案してもらうことにしたら、ウチに集中させるべきだ、いやウチに、と収拾がつかなくなってしまいそうですね……」

「そんなわけで、会社組織では、数が限られた上位の管理職になるほどリーダーの色合いが強くなり、数が増える下位の管理職になるほどマネジャーの色合いが強くなります。管理の仕事は、目や声の届く範囲の方がやりやすいので、その意味でも下位の管理職により多くの期待が集まることになります」

「経営陣は100%リーダー。中間管理職は100%マネジャー。そんな2択で考えてしまいそうでしたが、実際は役割によってそのグラデーションが変わってくる、ということなのですね。でもそうなると、課長などの初級の管理職にもいくらかはリーダーシップが求められるのだと思いますが、それは具体的にはどういうリーダーシップなのでしょうか？」

「『自分のチームに関して』のリーダーシップです。例えばチームとしてのビジョンや、チームとしての行動指針を設定する必要があれば、それはそのチームの長が決めるべきなのでしょう。ただそうしたものは、会社全体ではっきりと示されていれば、普通はチーム単位で考える必要もないはずですが」

「ビジョン＝まだ実現していない理想の世界、みたいなイメージで僕は考えていますが、会社全体のものとは違う『まだ見ぬ世界』を、係だったり課だったりがそれぞれ別々に思い描いていたりすると、メンバーにとっても顧客にとってもわけのわからないことになってしまいそうですね」

「設備が壊れたので新しいものを調達したい。人が足りないので社員を採用したい。こうしたモノやヒトへの投資は、本来であれば社長や事業部長が決めることですが、チームの円滑な運営のために必要であれば係長や課長が提案を用意するべきです。こういうリーダーシップは、下級の管理職がリーダーの仕事を肩代わりしている最も健全なケースと言えるでしょう」

「ビジョンや行動指針も、チームのパフォーマンスを上げるために必要、であるにもかかわらず全社で用意されていないのであれば、係長や課長が提案するのもいいのかもしれませんね。実際にそういう係長や課長がいたら、経営者としてはとても心強い気がします」

◎上位の管理職になるほどリーダーの色合いが強くなり、下位の管理職になるほどマネジャーの色合いが強くなる

マネジャーとして評価され出世した人が、リーダーになった途端無能化するワケ

「リーダー＝指導者の資質というのは、まさにそういう行動が日頃からできているかどうかをよく見て、しっかりと目利きをしていく必要があるのです。リーダーとマネジャーとでは、本来それぞれ適性も求められる能力も違うのに、日本の企業ではそれらをごっちゃにして出世のスゴロクを進めてしまうことがよくあります」

「そもそもリーダーとマネジャーをしっかりと区別できていないので、そうなってしまうのは当然と言えば当然かもしれません」

「そして、まさにそれゆえ、なのですが、マネジャーとしての実績を買われて出世し続けた人が、社長になった途端にリーダーシップを求められて突然無能化する、みたいなこともよく起こります」

「日本の大企業からいわゆる名経営者があまり出てこないのは、この罠にハマっている会社が多いから、という気がしてきました。ＧＥのウェルチやイメルト、ＩＢＭのガースナー、最近だとアップルのクックだったりマイクロソフトのナデラだったり。アメリカでは、名経営者として知られる社長にも、大企業で出世していった人が結構多いですよね」

「その点、日本で名経営者といわれている人は、多くが創業社長ですよね。そういう人たちは、自ら止むに止まれず事業を起こすくらいですから、トップに求められるリーダーの資質を、はじめから当たり前に持ちあわせているのでしょう。時に、それをメンターに磨いてもらう必要はあるかもしれませんが」

「そんな創業者の後継ぎを考える場面では、本来企業はリーダーシップに注目して候補者を目利きし、マネジメント教育とは別の教育でその資質をさらに磨いていく必要がある、ということですね」

「最悪なのは、そうしたプロセスを経験しないまま向いてないリーダーを押しつけられて困ったトップが、ボトムアップの名の下にそれを中間管理職に押しつけ始めることです。一方で、中間管理職の本来の仕事であるマネジメントについては、精神論を振りかざすばかりでろくに技術を教えない。これでは中間管理職が不人気になるのも仕方ありません」

「上級の管理職にはリーダーシップの目利きをしたうえでリーダー教育を施し、駆け出しの管理職には基本となる管理の技術を中心に教える。本来はそうしてリーダーの役割とマネジャーの役割を区別しながら、組織や人材の開発を進めていかなくてはならないわけですね。僕自身も会社のトップなのでこれは耳が痛い話です」

もっとも、ことマネジメントに関していえば、部下の教育をうんぬんする以前に、僕自身が徒手空拳で挑みズタボロになっている一人だった。

リーダーとマネジャーの区別をあれこれ言う前に、自分のリーダーとしての適性を見つめ直す贅沢にふける前に、まずは管理職の必須科目であるマネジメントをしっかりと身につけなくてはいけない……。

そう焦りながらも、僕は新しい経営チームの発足から半年以上、共同創業者の退職から数えると1年半以上抱えてきた底の知れない心の闇に、はじめてかすかな光が射すのを感じていた。

第2章

マネジメントの全体像

Chapter 2

メンバーにはくまなく気配りしている。それでもチームがどんよりとしているのはなぜか？

経営会議は10分前倒しで終わった。

マーケ、営業、システム開発、ファイナンスの各担当役員が定例の数値報告を行い、その後共有したり相談したりしたい案件があれば、あらかじめスプレッドシートで管理している議題リストに挙げておく。それが会議の進め方だった。

始まる前にはいつも雑談タイムがあり、表面的にはそれほど悪い雰囲気でもない。ただ、どこかでお互い牽制しあっているようなよそよそしさがあり、そのボルテージの低さは小中学校の保護者の集まりを思わせた。

元々1時間取っていた毎週水曜日の経営会議だが、システム開発担当役員の提案で30分に短縮され、それでも時間が余るということを繰り返して、今日ついに最短記録を更新したのだった。

そんななかでもよい兆候だと思っていた冒頭の雑談タイムは、実は会議の間が持たない気まずさを埋めようとする、みんなの無意識の自己防衛だったのかもしれない。

新体制が発足してから、僕の最大の関心事は、いかにして部下である幹部たちの心を離さないか、ということだった。

そのためにそれぞれの気持ちに配慮し、一人ひとりに寄り添ったチーム運営を心がけていた。それは前回の組織崩壊から学んだ手痛い教訓……のはずだった。

しかし、前回のフルさんの話を聞いて、僕はそこに大きな勘違いがあったのではないか、と思い始めていた。

メジャーリーグの監督（マネジャー）は、プレイヤー一人ひとりに寄り添うことでお金をもらっているわけではない。

監督に課されたミッションは、それが弱小チームであれ常勝軍団であれ、とにかくチームの持てる力を最大限に引き出すこと、だろう。そして、プレイオフ進出、地区優勝、リーグ優勝などという、球団経営陣から課された目的を達成することだ。

それが期待通りにできず、そんな期待外れが経営陣の我慢の限界を超えたところで、監督は解任される。

あるいは選手やコーチたちの失望が重なり、一人また一人と意欲をなくしていくことで、やがてチームは空中分解する。いずれにせよチームはそこでゲームオーバーとなる。

チームのパフォーマンスを引き出し、その結果勝利をつかむことに失敗し続けるマネジャーの力不足。前回の組織崩壊も今回の出口のない停滞感も、根っこにある問題はそれだったのではないか。

メンバーの気持ちにうまく寄り添えなかったことは、決してその直接的な原因ではなかったのだ。それは確かに、疑いようもなく、チームのパフォーマンスを悪化させるだろう。

しかし、ただそれだけを改善したところで、何か他のボトルネックがあってパフォーマンスが悪いままであれば、チームは停滞ムードから一向に抜け出せない。

実際問題として、僕の経営チームのパフォーマンスはおもわしくなかった。

利益は出ていた。創業6年目の元学生ベンチャーが、60人規模にチームを拡大しつつも黒字を出せていることは銀行からも評価してもらっている。

しかし、それを支えているのは創業初期に獲得した顧客からの継続収入で、新規顧客獲得のペースは、組織崩壊以前からの足踏み状態をキープしてしまっていた。

このままでは上場はおぼつかない。それは誰の目から見ても明らかだった。

報酬の高い知的労働をＡＩで置き換える。そんなビジネスモデルが正しかったことは、競合が次々と入ってきたことで証明されていた。調達した資金を大盤振る舞いして集めた人材は、少し身の丈に余るほどに精鋭揃いだった。

だとすると、チームやメンバーにも、リーダーとして見た時の僕にも、大きな問題があるわけではないのだ。

問題は、その間をつなぐマネジメントの機能に他ならない。

管理の仕事は中間管理職に肩代わりしてもらうことができる。とはいえ、こんなに小さな組織では社長がこなさなくてはいけないことも多く、肩代わりしてもらうにもまず何より自分自身がその仕事に通じている必要があるはずだ。そこを一手に引き受けてくれる、優秀な右腕でもいない限りは。

そうして僕自身のマネジメント能力があまりに出鱈目であるため、部隊は一度敗走しながら全滅しかけ、それを何とか食い止めた今も迷走を続けている。

行き詰まりの原因は見えてきた。でも、その肝心の「マネジメント能力」を身につけるには、一体何をどうすればいい？

その時ふと、会議室の外に何人か人が待っていることに気づいた。

大会議室は次の会議用に押さえられており、僕がなかにいると知る参加者が遠慮して外で待機していたのだ。

時計を見ると、フルさんのオフィスに向かう時間まであと少しだった。

僕は自分の顔を両手でビンタすると、フルさんをイメージした冷静な笑顔をつくろって、大会議室を占拠してしまっていたことを詫びながら表に出た。

「手段の入れ物」を手段と勘違いしてはいけない

タクシーでネオワーク乃木坂につくと、フルさんが受付のカウンターにもたれてスタッフと談笑していた。

前回の話では、今後は僕が直接2階のオフィスに出向くことになっていたのだが、フルさんは目が合うとスタッフとの話を切り上げ自ら歩み寄って僕を出迎えてくれた。

聞くと、一緒にエスプレッソを補給したかったので下で待っていた、という。

次回からは僕が持って上がります、と言うと、フルさんは職業的な微笑みを浮かべながら、首を2回横に振った。

それはイタリア紳士としてのマナーに反する、ということなのか。あるいはそれだとエスプレッソの味をダメにしてしまう、ということなのか。その真意は今一つよくわからなかった。

前回、僕はカプチーノを持ってオフィスに上がったのだが、フルさん曰くカプチーノはイタリアでは午前中の飲み物なのだという。カプチーノを午後に飲むというのは、午前中にビールを飲むのに等しい暴挙だ、ということだった。

そんなわけで、今回からは僕も、フルさんにならってダブルのエスプレッソにすることとした。

それ以降、このセッション前のちょっとしたウォームアップのような雑談の時間を、僕は「エスプレッソタイム」と呼ぶことにした。


「先週はマネジメントの目的、についてお話ししましたよね。今週はその目的を達成するための手段、についてお話ししていきたいと思います」

「ありがとうございます。まさに渡りに船です。チームの力を最大限に引き出すマネジャーとしての能力、身につけないといけないと前回から痛感しているのですが、何からどう始めればいいのか全く見当がつかずに困り果てていました」

フルさんは顎に手を当てて、何かを品定めするように外の通路を眺めていた。

「実際のところ、内藤さんは日々部下と向き合ってマネジメント業務をしているわけですよね。それは具体的には何をしているのですか？　それこそがマネジメントの手段、ということになるわけですが」

そう言われると考えてしまう。

僕は確かに部下を4人抱えており、彼女ら・彼らを相手に日々マネジメント業務をしている。それは間違いないのだが、ではその「マネジメント業務」とは、具体的には何を示しているのだろうか。

事業の戦略をつくる時は、仮説を立て、調査をし、その結果を分析して、それを元にストーリーをつくり上げる。

資金調達をする時は、必要資金を明らかにし、株か債務か、などといった調達方法を評価し、調達先を見つけて、そこに向けたプレゼン資料を準備する。

それらと同じ粒の大きさで考えた時に、「マネジメント」における具体的な業務とは一体何を示すのだろうか？

「1オン1とか、定例会議とか。そういったミーティングをしていますかね」

僕がそう言うと、フルさんは目をつぶりながら静かに首を横に振った。

「会議は『手段』ではありません。それは『手段の入れ物』です」

「手段の、入れ物？」

「例えば1オン1では、部下に注意をすることもあれば、逆に励ますこともあるでしょう。部下との関係を深めるために1オン1を使うこともあれば、1オン1が進捗確認の舞台になることもある。今挙げたものは全部、部下のパフォーマンスを上げるための、それぞれ異なる手段です」

「1オン1自体は目的ではない。それはわかっていたつもりなのですが、さらに言えば手段ですらない、と……」

「1オン1が、部下のパフォーマンスを上げるための手段なのだとしたら、闇雲にでもとにかく1オン1をやり続けていれば部下のパフォーマンスは上がる、ということになりますよね。もしそうなのだとしたら、それはもはや呪術でしょう」

「そのなかで部下の軌道修正をしたり、正しい方向に進む部下を励ましたりすることではじめて、マネジャーは1オン1を通じて部下のパフォーマンスを改善することができる……」

……なるほど、そういうことか。手段の入れ物、とおっしゃっていたことの意味が、少しずつわかってきたかもしれません」

「そうした手段の入れ物のことを、私は『マネジメント・ルーティーン』と呼んでいます。目標設定や評価なども、このマネジメント・ルーティーンの一種だと考えてください」

「確かに、目標設定や評価はマネジャーの大事な仕事だと思いますが、いくら目標設定や評価を繰り返しても、それだけで魔法のように部下のパフォーマンスが上がるわけではないですからね」

「目標設定や評価も、部下を勇気づけるため、戒めるため、両方の目的で使うことがありますよね。メンバー間で共有したり他の目標と関連づけたりすることで、目標がチームワークを生み出すために使われることもあります。そう考えると、目標や評価もまた、沢山ある手段を格納するための入れ物に過ぎない、と理解できるのではないでしょうか」

「目的も手段も何も考えず、ただ闇雲にルーティーンを繰り返す人は、言ってみれば空の箱に祈りを捧げ続けているようなものなのですね」

「そういう人は、マネジャーというよりはまじない師と呼ぶべきです」


フルさんの口調にからかうような調子はなかったが、祈りのくだりは僕的には自虐ネタのつもりだったので、まじない師というディスには思いの外心をえぐられた。

動揺を隠すため、僕はしきりに頷きながらリーガルパッドを取り出し、今のポイントをメモにとった。

◎1オン1などの会議や目標設定、評価などは、チームのパフォーマンスを最大限に引き出す、という目的を達成するための手段ではなく、それらの手段を格納する入れ物（ルーティーン）である

◎目的も手段も顧みず、ただ闇雲にルーティーンを繰り返すマネジャーは、空箱に祈りを捧げ続けるまじない師のようなものである

関係をつくる、任せる、軌道修正する、背中を押す、チームワークをつくる

「入れ物ばかりを見てそのなかの手段を意識しないことの一番の問題は、その手段について一向にスキルが上達しないことです。例えば、意識して呼吸をしていなければ、呼吸法に関しては永遠に素人のままですよね。1年間に数百万回も繰り返している呼吸でさえ、それを意識していなければ何の技能にもならないのです」

「……恥ずかしながら、マネジメントにはどんな手段があるのか、を僕はまだ理解していないので、手段を意識したくても雲をつかむような状態になってしまいそうです」

僕がそう穏当に不服を申し立てると、フルさんは口元を綻ばせながら頷き、マーカーを持って椅子から立ち上がった。

「手段には、全部で5つの種類があります」

そう宣言すると、フルさんはホワイトボードに、じっくりと時間をかけてその5つを書き記した。その間、僕はリーガルパッドに余裕を持ってそれを書き写した。

◎リレート——関係をつくる
◎デリゲート——任せる
◎キャリブレート——軌道修正する
◎モチベート——背中を押す
◎ファシリテート——チームワークをつくる

「最初の手段はリレート、つまりメンバーとのリレーション（関係性）づくりです。メンバーを励ますにしても、注意するにしても、まずそこにしっかりとした関係性ができていないことには、いずれの効果も期待できません。場合によっては、むしろ逆効果だったりすることもあるでしょう。それゆえこの関係づくりは」

そう言いながら、フルさんはホワイトボードの「リレート――関係をつくる」をタップする。

「まさにマネジメントの一丁目一番地、ということになります」

そう言い終えると、フルさんは、今度はホワイトボードの「デリゲート――任せる」をタップした。

「全ての業務に自分が張りついていると、マネジャーは患者を一人ずつ診る医者のように、メンバー全員を待合室で待機させることになってしまいます。こういう非効率は、医療の世界では受け入れられてもビジネスでは認められません。そこでマネジャーは、メンバーに業務をデリゲート、つまり『委任』することで、業務の効率化を図ります」

次にフルさんは、「キャリブレート――軌道修正する」の上に手のひらを重ねる。

「メンバーの仕事の進め方や言動に問題がある時、それを放っておくと、悪影響がチーム全体に及んでしまうことがあります。こうした事態を未然に防ぐことも、チームの生産性を大きく左右する大事なポイントです」

続いて「モチベート――背中を押す」を指さすフルさんは、息を潜めるような声から一転し、口調を強めてこう語った。

「逆にメンバーのよいところを見つけたら、グッと背中を押してあげることで、本人の自信のレベルは高まり、周りもそれを真似するようになります。すると、チーム全体の生産性は、一段、二段とギアを上げるように高まっていきます」

そう言うと、一呼吸置いてから、フルさんは最後の「ファシリテート――チームワークをつくる」を軽く2回タップした。

「人間は誰でもエゴを持っています。マネジャーがこのエゴを野放しにしてしまうと、個と個がぶつかり合ってチームの機能が麻痺してしまうことがよくあります。逆にうまくファシリテート＝調整できれば、エゴはチーム全体を推し進める力強い推進力となってくれます」

話し終えると、フルさんは僕の方を見て無言で頷き、しばらくの間何もせずただその場にたたずんでいた。

「関係をつくる」「任せる」「軌道修正する」「背中を押す」「チームワークをつくる」。

マネジャーの仕事としてこれは全くの初耳だ……そんな話は一つもなかったが、かといって僕自身が日々実践し、意識してスキルを磨いている、と言えることも一つとしてなかった。

まさにそれゆえ、なのだと思うが、僕は果たしてそれらがうまいのか下手なのか、今の自分を評価することもまるでできなかった。

実際の業務管理は「ルーティーン」を起点に

「これが、この先5回の勉強会で、私から内藤さんに伝授するマネジメント技術の全体像です。5つの柱という意味で、『ファイブ・ピラーズ』と呼んでいます」

僕のなかで理解がこなれるのを待っていたように、フルさんはそう言いながら機敏に動き出して椅子に腰掛け、PCを操作してPDFのドキュメントを画面いっぱいに映し出した。

「マネジャーが普段業務として行うのは、今話した5つの手段を、更に細かく分解した

ファイブ・ピラーズ・オブ・マネジメント

目的	手段	アクション	ルーティーン
ゴールを達成するためにチームの生産性を最大化する	[リレート] 関係をつくる	●「ルールに基づく関係」をデザインする ●「感情に基づく関係」をデザインする ●「互恵性に基づく関係」をデザインする	目標設定 評価 1オン1 チームミーティング・オフサイトミーティング 採用・異動・組織変更 研修
	[デリゲート] 任せる	●評価する ●アサインする ●モニターする ●見直す ●介入する	
	[キャリブレート] 軌道修正する	●アサーティブにコミュニケーションする ●フィードバックの3原則 ●ティーチングとコーチングを使い分ける	
	[モチベート] 背中を押す	●フィードバックとハグ ●セルフエフィカシーをコントロールする ●チャレンジングかつアチーバブルな目標設定	
	[ファシリテート] チームワークをつくる	●KPIツリー ●議論を合意 ●説明責任	

『マネジメント・アクション』です。これらの『アクション』については、次回以降リレート、デリゲート……と一週ごとに順を追って深掘りしていきますので、今はそういうものがあるのだ、ということだけを何となく理解しておいて下さい」

そう言うとフルさんは「ファイブ・ピラーズ」のPDFを閉じ、別のPDF資料をやはり画面いっぱいに映し出した。

「そして、毎回勉強会の最後に、5つの手段ごとの『アクションシート』というものをお渡しします。例えば、これは『デリゲート——任せる』の回のサンプルです。今はフォーマットの説明をする時間ですので、ここに書かれている内容を理解する必要はありませんよ。全体をぼんやりと眺めて、イメージをつかんでもらえればそれで結構です」

「この表では、先ほどの『ルーティーン』が縦軸に、そして『アクション』が横軸に書かれています。ルーティーンはただの入れ物、とはいえ、その名の通り日々の業務のベースであり、ペースメーカー的な存在になってくれます」

［デリゲートのアクションシート］

<table>
<tr><th></th><th>評価する</th><th>アサインする</th><th>モニターする</th><th>調整する</th><th>介入する</th></tr>
<tr><td>目標設定</td><td></td><td></td><td></td><td></td><td></td></tr>
<tr><td>評価</td><td></td><td></td><td></td><td></td><td></td></tr>
<tr><td>1オン1</td><td>実績の自己申告を確認（140頁）</td><td rowspan="2">業務の割り当て（144頁）</td><td>進捗の詳細をヒアリング（147頁）</td><td rowspan="2">ナッジング（152頁）</td><td>自己効力感のケア（160頁）</td></tr>
<tr><td>チームミーティング
オフサイトミーティング</td><td></td><td>仕組み化された進捗確認（147頁）</td><td></td></tr>
<tr><td>組織変更・異動・採用</td><td>過去の実績を把握（140頁）</td><td></td><td></td><td></td><td></td></tr>
<tr><td>研修</td><td></td><td>足りないスキルのトレーニング（154頁）</td><td></td><td>足りないスキルのトレーニング（154頁）</td><td></td></tr>
</table>

フルさんはそう言うと、僕の顔を見て、大丈夫、と諭すように頷いた。僕のなかでまだ理解がこなれていないことを、敏感に感じ取ったようだった。そしてこう続けた。

「例えば今週Aさんとの1オン1があるとしますよね。そして、Aさんとの間にはデリゲート、つまり任せることに関して課題があるとします。すると、このシートの1オン1の行を見ながら、今週はこのアクションとこのアクションに1オン1の時間を使っていこう、などと事前に予定を立てていくイメージです」

改めて振り返ってみると、僕はこれまで、メンバーたちとのミーティングをマネジャーが事前に準備・計画する、という発想を持っていなかったことに気づいた。

チームのパフォーマンスを最大限に引き出す。そのための手段があり、それを細かく砕いたアクションがある。それらを格納するのが1オン1でありチームミーティングなのであれば、準備するのは間違いなくマネジャー側であるべきだ。

経営会議はいつも時間が余る。そんな愚痴をこぼしておきながら、時間を余らせていたのは他ならぬ僕だった、というわけか……。

「そうして立てた予定は、カレンダーに自分向けのメモとして書き込んでおけば、毎日必ずチェックするカレンダーを使ってマネジメント業務の管理をすることができて便利です。カレンダーには、前の週の終わりかその週の始まりに定例の予定として、この先1週間のマネジメント・ルーティーンの計画を立てる時間をブロックしておくのがおすすめです」

マネジャーはなんて忙しいのだ。やることが無限にある。

そんなことを考えながら、僕の気分はむしろ高揚していた。

やることは無限にある。それはつまり、やれることも無限にある、ということではないか。

第3章

リレート：
「部下と仲良くなる」のではなく
「理想的な上司と部下の関係をつくる」

Chapter 3

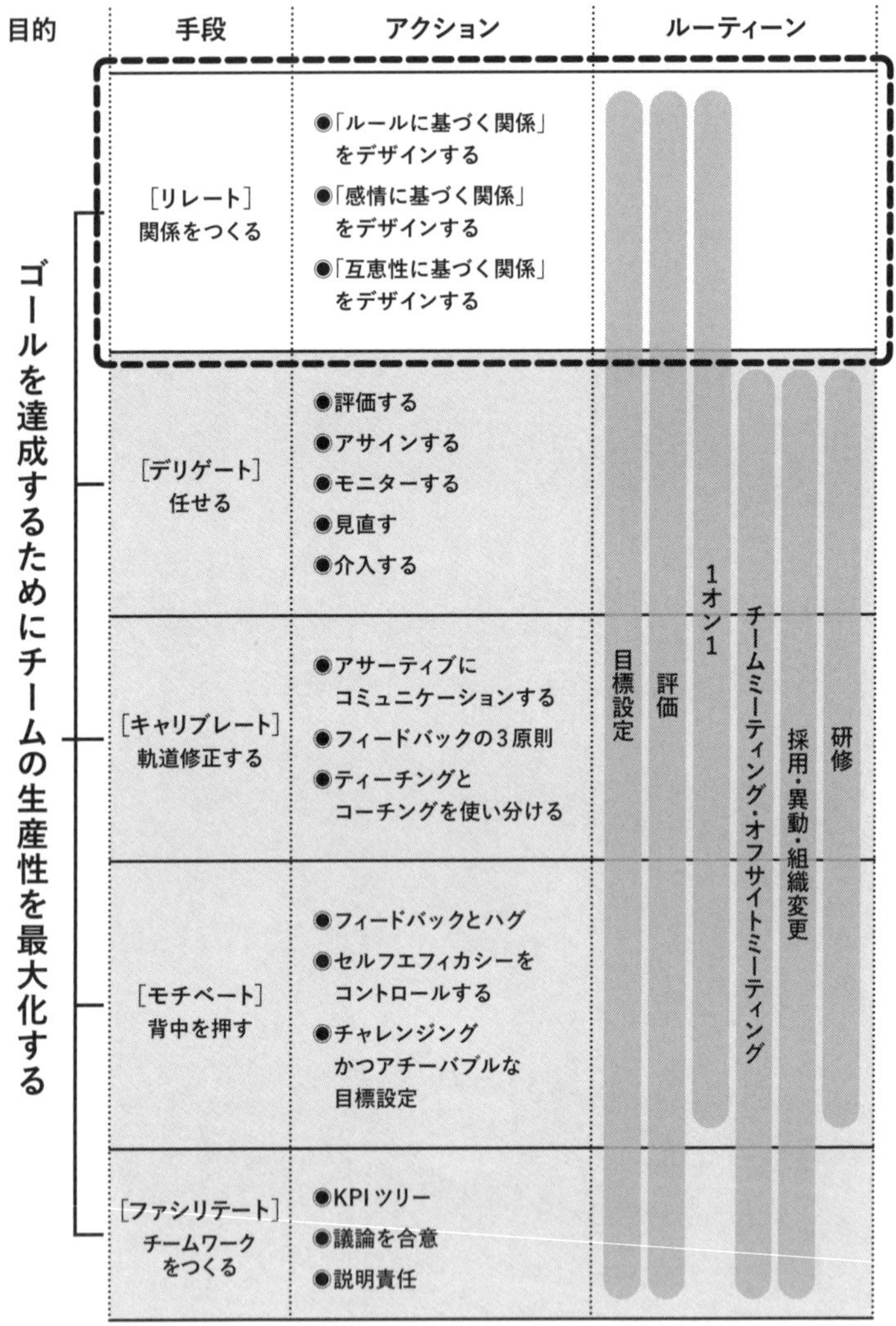
目的
手段
アクション
ルーティーン
ゴールを達成するためにチームの生産性を最大化する
［リレート］
関係をつくる
●「ルールに基づく関係」をデザインする
●「感情に基づく関係」をデザインする
●「互恵性に基づく関係」をデザインする
［デリゲート］
任せる
●評価する
●アサインする
●モニターする
●見直す
●介入する
［キャリブレート］
軌道修正する
●アサーティブにコミュニケーションする
●フィードバックの3原則
●ティーチングとコーチングを使い分ける
［モチベート］
背中を押す
●フィードバックとハグ
●セルフエフィカシーをコントロールする
●チャレンジングかつアチーバブルな目標設定
［ファシリテート］
チームワークをつくる
●KPIツリー
●議論を合意
●説明責任
目標設定
評価
1オン1
チームミーティング・オフサイトミーティング
採用・異動・組織変更
研修

上司は部下と飲み会やランチに行くべきか？

マーケティング担当役員の川田由貴さんは、大手のコスメメーカーで営業とマーケティングを経験した後、新興の日用品企業でマーケティング責任者を務め、直近は去年上場を果たした法人向けネットビジネスのベンチャー企業でCMO（チーフ・マーケティング・オフィサー）を務めていた。

マーケティングの経験が豊かで、かつベンチャーと法人向けネットビジネスがわかる人材は貴重だと感じ、他の役員をやや上回る水準の年収でオファーを出して、経営チームの最後の欠けたピースを埋めてもらった。

今朝の経営会議では、川田さんは先月実施した、法律系YouTuberとのタイアップ企画の結果をシェアしてくれた。

うちのメイン顧客は企業の法務部門や法律事務所で、法律に関しては全員プロ中のプロだ。

そんな専門家のなかには、法律問題をわかりやすく、その分いくらか乱暴に伝えるYouTuberたちに眉をひそめている人たちも多い。かくいう僕自身もその一人だった。

そんなこんなで少し疑問を感じつつも、餅は餅屋で川田さんを信頼して任せたキャンペーンは、どうやらうまくいっているようだった。サービスの認知度が大幅に上がり、キャンペーン前後で逆転して競合2社を上回ったという。

ただ、営業担当役員の本間さんが、問い合わせの数が全く増えていないと指摘すると、川田さんからは潮が引くように表情が消えた。

認知度が上がってから問い合わせが増えるまでには、顧客の行動を考えるとタイムラグがある。僕たちにそう言って聞かせる間、手元のPCをじっと見る川田さんのフラストレーションは、ここに至ってはもはや意思表示と言ってよかった。

本間さんの指摘は全く批判的ではなく、どちらかと言うとおどけた独り言に近いものだった。

ただ、川田さんの反応は意外というわけではなかったし、その出所も僕にはよくわかっていた。僕ら経営チームの、マーケティングへの理解不足だ。

就任早々、僕たちが基本的な用語やフレームワークも理解していないと悟った川田さんは、経営チーム全員を対象に半日のマーケティング講座を実施してくれた。

有名な業界誌が主催する講座で講師を務めることもあるという、川田さんの説明はさすがにわかりやすかった。会社が必要としていたのはまさにこの人だ。その時の僕は、そんな風に川田さんの知識を重んじるスタンスを、大方前向きにとらえていた。

一方、半日の講座を1回受けただけでマーケティングが理解できたら、そもそも高い給料を払ってマーケのヘッドを雇う必要はない。

また、自らお金を払って聞きに来ているわけでも、彼女の部下でもない僕たちが、1回で全てを吸収しようと必死に講座に食らいつく理由もない。

そんなわけで、僕たちのマーケティングの知識は川田さんが期待するほどには上向かず、その後お互いノーアクションのままでは、そのギャップが埋まることも当然ないまま迎えたのが、まさに先ほどの一幕だった。

認知が上がってから問い合わせが増えるまでにはタイムラグがある。だとしたら、そのタイムラグはどれくらいなのか。今のペースだと、最終的にはどの程度の問い合わせ増が見込めるのか。僕のなかにもそんな疑問やフラストレーションがわだかまってはいたが、その場は一旦フォローに回ることにした。

大手からのオファーを断ってうちのようなベンチャーに来てくれた川田さんを、わずか半年で失望させたくはなかったのだ。

まずは川田さんを始めとしたマーケチームの労を労《ねぎら》い、この後問い合わせが増えることへの期待を伝えたうえで、本間さんに問い合わせ件数のチェックをお願いした。

しかし、川田さんの表情は一層くもるばかりだった。どうも川田さんは、そもそもこの企画が問い合わせ数で評価されること自体に、どうしても納得がいかないようだった。

会議室に一人残り、そうやって先ほどの会議を頭のなかでリピートしていた僕は、川田さんにスラックを投げてランチに誘ってみた。

川田さんからは、先ほどの無表情が僕の悪い夢だったのかと感じさせるような、心のこもった返事が返ってきた。

久しぶりにランチを共にすると、共通の趣味であるK－POPの話で、二人の会話は大いに盛り上がった。最近髪を切った僕は、K－POPアーティストを意識したヘアスタイルにしているのだが、川田さんはそれを似合います、と褒めてくれた。

ランチを終えてオフィスに戻る道すがら、川田さんの横顔はむしろ生き生きとして見えた。転職を後悔している、ということはなさそうだ。そう考える僕の心を読んだかのように、オフィスに着くと川田さんは僕に一礼し、こう言った。

「内藤さんありがとうございます、私この会社に入ってよかったです」

こちらこそ。そう返した僕の口調は、再び幹部を失う事態を避けられた安心感と、自分の成長を実感する浮いた心の後押しで、必要以上に強くなっていたことだろう。

その日の午後、フルさんのオフィスを訪ねた僕は、冒頭のエスプレッソタイムにそんな話を意気揚々と語ってみせた。

しかし、それに対するフルさんの反応は、あまりよくない、などという生優しいものではなかった。

「それは要注意です」

フルさんは椅子から立ち上がり、僕を指差しながら上官さながらに警告を出したのだった。

「上司と部下の関係」をつくる

僕の表情が想像以上に怯えて固まっていたのだろう、フルさんは職業的な反射神経で表情を緩めた。つくり慣れた笑顔、という感じだった。

「マネジメントの一番の基本は、部下との関係づくりです」

フルさんは、立ち上がったその足でホワイトボードに向かいながらそう言った。

「部下との関係がしっかりできていないと、どんなマネジメント・アクションもうまくいきません。例えば、渋々雑談に応じていたおしゃべりなタクシー運転手さんに、その髪型は経営者らしくない、などと突然フィードバックをされても、内藤さんには何も響かないでしょう」

僕は窓に乱反射する自分の顔を見つめ、改めて新しいヘアスタイルをチェックしてみた。

「でも、ヤスさんからオフィスに呼び出され、そうフィードバックされたらどうですか？」

「この髪型、やっぱりあまり経営者らしくないですかね？」
「どうでしょう。私も人のことは言えないので」

そう言うとフルさんはボサボサの白髪頭を軽くかき乱した。

「先週もお話しした通り、リレート、つまり部下との関係づくりは、マネジメントの一丁目一番地なのです」
「それは、僕も今ではよくわかっているつもりです。共同創業者の二人を失ったのは、まさにその関係づくり、に失敗したからだと思っているので。だからこそ、今は役員や幹部と飲みに行ったりして、しっかりと関係をつくっているつもりです。川田さんは異性なので、サシ飲みには少し誘いづらいのですが、その代わりにランチで……」

フルさんは、見えない波動を出すように手のひらで僕に「待った」をかけた。
そして、教師が出来の悪い生徒に説いて聞かせるように、ゆっくりとこう言った。

「内藤さんが言っているのは友達関係。私が言っているのは、上司と部下の関係」

「上司と部下の関係……」

「上司が何かを指示する。部下がそれをしっかりと、遅れることなく実行する。これが上司と部下の関係です」


指示。実行。そうした言葉の強すぎる響きに、僕は何となく抵抗感を覚えていた。


「でも、それでは軍隊みたいで、ビジネスにおいてはあまりいいマネジャーとメンバーの関係性ではないように、正直僕には思えます。それこそ、最初の経営チームの末期は、まさにそれに近い状態でした」

「その時部下の二人は、内藤さんの指示をしっかり聞いて、それを遅れることなく実行に移していたのですか？」

「……そう言われるとノーですね。表立って反発されることはそう多くはありませんでしたが、かといって指示したことをきちんと実行してくれていたかというと、それもそうではありませんでした」

フルさんは再び僕の近くに歩み寄り、父親のように僕を見下ろしてこう言った。

「内藤さんのそもそもの失敗は、二人と『上司と部下の関係』を築けなかったこと、なのかもしれません」

目指すは「理想的な」上司と部下の関係

上司と部下の関係。

これまで僕は、むしろできるだけそれを避けてきたつもりだった。

マネジャーとメンバーは単なる役割の違いであり、どちらが偉い、ということではない。

そんな投稿をソーシャルメディアで見かけ、僕はその考え方に共感していた。

そもそも社会人経験の全くない、多くの社員より年下の僕が、自分が誰よりも偉いという体《てい》で振る舞うのははなから無理があった。

部下とはなるべくフラットな関係でいたい。上下関係が意識されない組織にしたい。そう思って社長業を務めながら、最終的にはそれと真逆のチームが出来上がってしまい、やがてそんなチームは見事に崩れ去った。

それが実現できなかったから失敗したのだ。そんな後悔の思いから、フラットな組織への僕の憧れは、それ以来一層強まるばかりだった。

しかし、フルさんは言う。

僕のそもそもの失敗は、二人と「上司と部下の関係」をつくれなかったことだ、と。

「それでは軍隊みたいだ、と言いましたが、内藤さんは軍隊が悪いものだと思っているのですか?」

「いえいえ、そういうことではないです。軍隊の組織は会社組織とは前提が違うのだろうな、という意味でした」

「軍隊の組織と会社組織は、具体的にはどのように前提が違うのでしょうか？」

「そうですね、まず戦争では失敗すると命を落とすこともありますが、ビジネスではさすがにそんなことはありません」

「ではなぜ今内藤さんは、そんなに必死になって自分のマネジメント能力を見直そうとしているのですか？　失敗しても命を落とすことがないのであれば、もっとリラックスしてそのテーマに向き合ってもいいのではないですか？」

「……確かに、失敗できない、というのは戦争もビジネスも同じですね。特に、僕のような経営者にとっては。それはそうとして、ビジネスでは上司に意見をする、ということも時には大事だと思います。上司の考えていることが常に正しいとは限りませんし、ビジネスでは多くの場合、それを議論する程度なら時間的な余裕があります」

「軍隊でも、上官の考えていることが常に正しいとは限りません。だから部下が上官に意見を言うことはよくありますし、それが受け入れられることも決して珍しくはありませんよ」

そう言うとフルさんは少し不思議な間を取り、気持ちを切り替えるようにフッと息を吹き出した後、こう続けた。

「そもそも部下としっかり議論をし、意見を聞いたうえで最終的な意思決定をする、ということと、そうして意思決定したことをきちんと部下に実行してもらう、ということは決して矛盾しませんよ」

「なるほど。フルさんは何も、部下の話を聞くなと言っているわけではない、ということですね」

「もちろんですよ。むしろ、部下の話にしっかりと耳を傾ける、というのは、多くの場合上司と部下の健全な関係をつくるうえで欠かせないアクションです。それは、ひとたび上司が決断したことをしっかりと実行に移す、という部下の態度の一つの大事な土台になりますから」

「『フラットな関係』と『上司と部下の関係』は、両立できるということなのですかね」

「部下が意思決定に必要な、あるいは有益な情報を気兼ねなく上司に提供できる関係性をフラットと言うのであれば、私もフラットなチームに賛成です」

そう言って僕を見据えるフルさんの眼差しには、込み上げる感情を必死で抑えるような、強さと弱さが同居したような不思議な光が宿っていた。

「しかし、部下が意思決定の邪魔をすることだったり、意思決定されたことを放り出すことが許され、それをフラットな関係性だというのであれば、フラットなチーム＝ダメなチームです。軍隊でもビジネスでもスポーツでも、そんなことが許されていて、かつ優れた結果を出している組織が、この世のどこかにあるでしょうか？」

「……それはない、ですね。おそらく」

「部下が遠慮なく意見をする。それを踏まえたうえで、上司は最後には腹を括って決断する。そうして下された決断を、部下は遅れることなく、しっかりと実行に移す。そのうえでどんな結果になろうと、その責任はしっかりと上司が取る。これが私の考える優れたチームです」

「同感です。まさにそれこそが、理想的な上司と部下の関係なのだと思いました」

「リレートとは上司と部下の関係をつくることだ、と言いました。それは友達関係ではないのですが、かといって、わざわざ息の詰まるような関係をつくらなくてはいけない理由はどこにもありません。先ほどの定義に一言つけ加えるなら、リレートとはつまり、『理想的な上司と部下の関係』を築くことなのです」

僕は咄嗟にカバンからリーガルパッドを取り出し、今のポイントをメモした。

◎マネジメントにおいて重要な関係性とは、「友達関係」ではなく「上司と部下の関係」
◎部下が遠慮なく意見をする。それを踏まえたうえで上司は決断する。そうして下された決断を、部下は遅れることなく実行に移す。上司はその責任を取る。リレートとは、このような「理想的な」上司と部下の関係を築くこと

「ルールに基づく関係」をデザインする

「上下関係があって、指示が上から下に伝わっていくという点では、ほとんどの会社組織が軍隊組織と同じ基本構造を持っています。そんなにフラットがいいのであれば、そもそも上下関係を完全に取っ払って、本当に真っ平な組織にしてしまえばいい。でも、型やぶりで知られる生成ＡＩ企業だってそうはせず、上下関係のある組織にしていますよね」

「世に言うフラットな組織というのは、実際には上下関係を持ちながらもその間の風通しがいい、というだけで、決して階層のない組織というわけではないのですね。リーダーのいない『ティール組織』のような組織は、現実世界には存在しない、と」

「Wikipediaの編集グループあたりがそれに近いのかもしれません。おそらく世界のどこかに存在はしているのでしょう。しかし、少なくとも今の時点では、私の知り合いにそういう組織で働いている人は一人もいません」

「確かに基本構造は同じだと理解しつつ……。上官の命令には絶対服従ということが軍紀で決まっていて、逆らった場合は軍法会議で裁かれたりすることもある軍隊組織と、部下が上司の言うことを聞かない、ということも割と普通にあったりする会社組織は、やはり別物なのではないか、という気がどこかでしてしまいます」

「ビジネスでも、上司の命令に従わないと業務命令違反ということになって、厳密に言えば就業規則に基づく懲戒処分の対象になりますよ。内藤さんの会社でも、そうした処分は懲罰委員会を開いて決めることになっていると思いますが、それは就業規則という内部ルールを扱う裁判所なので、軍隊で言う軍法会議と同じような位置づけです」

「厳密に言えば確かにそうなのですが……。ビジネスの世界では、実際の慣わしとしては、一度上司の命令に背いたぐらいでいちいち処分が検討されたりはしないと思います」

僕がそう言うと、フルさんは獲物をとらえたハンターのように目を輝かせた。

「つまり、それらは『慣わしの違い』であるに過ぎないのですよ」

フルさんは自分のセリフに自分で納得するように頷いて、ホワイトボードに「ルールに基づく関係」と書き記した。

『上司と部下の関係』をつくり出す第一の要素は『ルール』です。ただし、ここでいうルールとは、軍紀や就業規則などといった文書になっているものに限らず、組織のなかで『慣わし』として守られている決まりごと全般を意味します」

「軍隊組織と会社組織で上下関係の厳しさが違うのは、文書になっている規則の違いというよりは、その上に敷かれている慣わしの違いである、ということなのでしょうか」

「そういうことです。軍隊には、そうした慣わしをセットするためのイベントや儀式が沢山ありますし、それを維持するための仕組みも随所に組み込まれています」

「ブートキャンプってやつですよね。あれは、異常に厳しい規律や課題を初日からいきなり大量に課すことで、民間人を軍人に、サナギが蝶になるように変身させるための通過儀礼だ、と聞いたことがあります」

「それは軍隊というより、アメリカ海兵隊の発明ですね。同じ海兵隊で言うと、センパー・ファイ（常に忠誠を）という掛け声を毎日口にさせることで、ブートキャンプでセットされた慣わしを日々メンテナンスする、などという仕組みもあります」

「本間さんが新卒で入った営業会社には、上司への絶対服従を示す『ガッツ』という独特の掛け声があって、毎朝朝礼でそれを唱和させられていたそうです」

「ビジネス組織では、そうした慣わしの初期値は、一般的には緩く設定されています。置かれた状況によって必要なものが違ってくるので、チームごとに個別に設計できるようになっているのです。ただ会社によっては、上司には絶対服従、のような慣わしとそれをセットするためのイベントや儀式を、全社の共通基盤として敷いているところもあります」

「俗に軍隊的な組織、と言われるのは、まさにそういう組織なのですかね。体育会系の文化で知られるとある伝統的な日本企業では、箸の上げ下げレベルで上司・部下のマナーがある、と同級生から聞いたことがあります。なぜそんなことがまかり通っているのか、これまで全く意味不明でしたが、今の話を聞いて少しだけ理解できた気がします」

「そうした共通基盤としての慣わしや、それを定着させるための儀式・イベントは、実は管理職にとってマネジメントの難易度を下げてくれる便利なものだったりもします。本来はマネジャーが自らデザインし、セットしてメンテしていかなくてはならない慣わしを、会社がはじめから用意しておいてくれるわけですから」

「一般的には、大企業の組織は比較的安定していて、ベンチャーの組織は不安定なことが多いと思います。それは、僕のような経営者を含めたマネジャーの未熟さもさることながら、そうした慣わしとイベント・儀式の設計を、ただでさえ経験不足のマネジャーに一任してしまっているから、というのもあるのですかね」

「部下が上司に『ガッス』と大声で挨拶するような儀式は、個人的にはあまり感心しませんが、そうしたタイプの慣わしや儀式が嫌いだからといって、慣わしや儀式自体が持つパワーを否定してしまうのは残念なことです」

「慣わしや儀式、などと聞くと、確かに正直、僕もこれまで少し抵抗感を覚えてしまっていたかもしれません」

「私の出資先の一つである、外資のコンサル会社出身の女性がCOO（チーフ・オペレーティング・オフィサー）を務める会社には、割り当てられた仕事には必ず自ら期日を設定し、その期日までの進捗を定例会議で報告する、という慣わしがあります。期日を設定する時は『ETAは〇〇です』とその場で宣言するのですが、例えばこういうのも一つの儀式であると言えるでしょう」

「それはとても合理的な慣わし、そして儀式ですね。むしろ、そうした決まりごとを持たず、期日にだらしなく運営されている組織の方こそ非合理です」

「加えて言うなら、そうした慣わしをつくるのに、イベントや掛け声は必ずしも必要ではありません。そうしてくださいとお願いすればそれで済むこともありますし、徹底するよう地道にお願いし続けることで定着を図る、というアプローチもあるでしょう」

そんなフルさんの話を聞きながら、僕は今朝の経営会議を思い出していた。

あの時、川田さんは自発的にキャンペーンの報告をしてくれたわけだが、自発的であったということは、僕がデザインした慣わし＝ルールに従ってくれたわけではない、ということでもある。

本間さんの悪気ない指摘に、フラストレーションを露わにする川田さんは少し大人気ないとも思ったが、よかれと思って町内の掃除を始めたのに、町内会の役員に掃除の仕方を注意されてはそれは腹も立つだろう。

案件のレポーティングは、必要であれば僕がしっかりと慣わしとして設定し、それに従って僕が納得いく形式で説明を求めるべきだったのだ。

僕が川田さんをうまくコントロールできなかった、どころか、逆にコントロールされるような立場になってしまっていたのは、こうして「ルールに基づく関係性」をうまくつくれていなかったから、ということだったのか……。

◎「上司と部下の関係性」をつくり出す一つの要素は「ルール」。ルールとは、文書になっているものに限らず、組織のなかで「慣わし」として守られている決まりごと全般をいう

◎会社組織においては、チームごとにフレキシブルに設定できるよう、共通基盤としての慣わしは一般的に緩く設定されている。慣わしをデザインし、セットしたりメンテしたりするのはマネジャーの仕事

◎担当の案件については毎週定例会議で進捗を報告する、などという慣わしを、上司はイベントや掛け声などの儀式を通じての他、はっきりそうお願いしたり、地道に徹底を求め続けたりすることでつくり上げていく

「慣わし」の見本は目標設定と評価の仕組み

「先ほど、若いベンチャー企業には全社レベルでの慣わしがあまりない、という話をしましたが、一つ、どこの会社にも必ずある、上司と部下の関係を形づくるための初期設定の慣わしがあります。内藤さんの会社にもあるはずですよ」

「……恥ずかしながら何も思い浮かびませんでした」

「株式会社TEAMでは、目標設定と評価はどうしているのですか?」

「勤怠管理用のグループウェアにパッケージでついている、MBOというツールを使っています。部下が設定した目標を上司が承認して、期末には自己評価を元に上司が最終的な評価をする、みたいな定番のやり方です」

「部下は毎日上司に大声で『ガッス』と挨拶しなくてはならないように、毎期上司に目標を承認してもらわないといけないわけですが、それはみんな、就業規則をしっかりと読んで、そこにそう書いてあるからそうしているわけではないでしょう」

「確かに。マネジャーが設計していくべき慣わしというのは、例えば目標と評価の仕組みのようなものだ、ということですね。マネジャーがメンバーの目標を承認し、それに従って評価をする。そんな慣わしがあり、みんながそれに従って仕事をしている。だからこそ、マネジャーとメンバーの間には、一定の『上司と部下の関係』が生まれてくる、と」

「本来ならマネジャーが自らデザインし、セットしてメンテしていかなくてはならない慣わしを、会社がはじめから用意しておいてくれる。その意味では、目標設定と評価の仕組みは、どんなに未熟なベンチャーにあっても最初から全員に配られているマネジャー用のゲタなのです」

「ベンチャーみたいな若い組織のマネジャーは、そんな虎の子のゲタを大事に扱わないといけないわけですね。正直に告白すると、これまで期末の評価は、雪かきのような季節労働だと思っているふしがありました……」

「ちなみに、この時マネジャーに与えられているのは、厳密に言えば、期末に部下を評価する権限ではありません。期初に部下の目標を承認する権限です。評価は公平性が命なので、結果が出たら、目標と照らし合わせて自動的に決まるくらいが理想です。その意味で、極論すれば、マネジャーには部下を評価する権限はないとも言えるのです」

「そう言われて思い出しましたが、以前有名なメガベンチャーの人事責任者が、オンラインの経済番組で語っていました。マネジャーにとって、期初の目標設定は、1年で最大の集中力を持って挑むべき業務だと」

> ◎目標設定と評価の仕組みは、どこの会社にも必ずある、上司と部下の関係をセットしてくれる初期設定の慣わし

「互恵性に基づく関係」をデザインする

「これまでマネジャーはルールをうまく使いましょう、という話をしてきましたが、部下との関係性の問題が全てルールで解決できるかというと、もちろんそんなことはありません」

「シンプルに、僕が部下だとしたら、全てをルールで解決しようとするマネジャーの下で

はあまり働きたくはありませんからね」

「そんなわけで、ルールに基づく関係は、別の関係で補強されたり、緊張をやわらげたりする必要があるのです。その一つが『互恵性に基づく関係』です」

そう言いながら、フルさんはホワイトボードに歩み寄り、「ルールに基づく関係」の下に「互恵性に基づく関係」というキーワードを書き足した。

「互恵性……耳慣れない言葉です」

「もう少し砕けた言い方をすれば、お互いがお互いから恩恵を受けている関係、ということになります」

「Win & Winの関係、ということでしょうか」

僕がそう言うと、フルさんは少し首を傾げながら斜め上を見上げ、やがて意を決したように僕の視線をまっすぐにとらえた。

「少し違います。誕生日にプレゼントをもらうなど、相手が自分に何かいいことをしてくれた時、自分もお返しをしなくては、とポジティブな『負い目』を感じますよね。この負い目が数珠つなぎになっている状態がレシプロシティ＝互恵性です。日常的な言葉で言えば『ギブ&テイクの関係』に近いですかね」

「スタートアップイベントなどで名刺交換をしたり、その後の飲みの席で意気投合したりした業界関係者でも、大半はソーシャルメディアで近況をチェックしあうだけの間柄になってしまいます。そんななか一部の関係性をキープできている人たちとの間には、確かにそんな『ギブ&テイクの関係』があるような気がします」

「内藤さんは、肝心な部下との間では、そんなギブ&テイクの関係を築けていますか？」

「川田さんとの関係で言えば、僕は川田さんがやりたいことを実現するうえで、大体いつも味方になってあげているつもりです。その見返りとして、川田さんには少なくとも今後3年くらいはうちの会社に全力でコミットしてもらいたいと思っていて、そんな意気込みを感じてはいます。これは互恵性……ではないでしょうか？」

僕がそう言うと、フルさんは聞き分けのない子供をなだめるように首を横に振る。

「レシプロシティの特徴は、お互いが見返りに『即時性』と『等価性』を求めないことです。私はこれをします。だからあなたは代わりにこれをしてください。こうなるとそれはもはや互恵性ではなく、等価交換を持ちかける『取引の関係性』になってしまいます」

「即時性と等価性？」

「何かをギブした後にすぐに見返りを求めたり、見返りに一定の基準を設定したりすることです」

「確かに、誰かに誕生日プレゼントをあげる時、同じ価値のものを自分の誕生日にしっかりお返しして欲しい、などと期待はしないですよね。結果として同じ価値のものをお返ししてもらったとしても、それはお返しする方の『負い目』からであって、あげた方がそう期待しているからではない。ギブ&テイクとはそういうものだ、ということですね」

「互恵性においてギブやテイクの対象となるものは、お互いのニーズを満たす『ナイス・トゥー・ハブ』である必要はありますが、数が限られた『マスト・ハブ』であってはいけません。なぜなら、そうなると相手はそれを確実に手に入れるため、取引の関係を期待するようになるからです」

「よくわかります。スタートアップイベントで知り合った業界関係者と会うにも、情報交換だったらギブ&テイクで話が済むかもしれませんが、運転資金を工面してほしい、そうでないと倒産してしまう、みたいな切羽詰まった状況なら、出資の『取引』の話になりますからね」

「上司と部下は個別の取引をするべきではありません。例えば、この仕事で頑張ってくれたら昇進させる、などという取引を一人のメンバーとしてしまうと、他のメンバーはそれを知ってやる気をなくすか、それを知らずに昇進を目指して頑張ることになります。そうなると効率がガタ落ちになるか、著しく不公平になるかのどちらかです」

「取引を持ちかけたつもりはなかったのですが、自然とそうなってしまっていたのだとしたら、川田さんと僕の関係にもそんな危うさが潜んでいたわけですね……」

フルさんは黙って頷くと、ホワイトボードの「互恵性に基づく関係」の横に、知識・人間関係・環境という3つの単語を書き足した。

「互恵性を築くために便利なアイテムは、知識・人間関係・環境の3つです。知識であればトレーニングをしてあげたり、勉強会などに参加させてあげたり。人間関係であればキーパーソンをつないであげたり、トラブルの仲介をしてあげたり。環境であれば、メンバー自身や家族の体調を気にかけてあげたり、特別な事情に配慮してあげたり」

「川田さんの場合は、マーケティングのプロではありますが法曹業界は全くの門外漢なので、その辺りの知識アップとネットワーキングを手伝ってあげるといいかもしれない、と思いました」

僕がそう言うと、フルさんは唸るような声を出しながら、ゆっくりと頷いた。

「そのようにして、『いい意味での負い目』を感じてもらえれば、今度は逆に川田さんがより深いマーケの知識を内藤さんに共有してくれるかもしれません。今度は彼女のフラストレーションを解消するためではなく、内藤さんへの『負い目』に報いる手段として」

◎互恵性（レシプロシティ）＝ギブ&テイクの関係

◎互恵性を築くために便利なアイテムは、知識・人間関係・環境の3つ
◎評価や昇進、特別な肩入れなど、数が限られた（全員に提供できない）マスト・ハブをギブの対象にするべきではない

「感情に基づく関係」をデザインする

「質問なのですが、部下を食事に連れて行く、というのは、互恵性をつくるためのギブになり得るのでしょうか？　美味しい食事なら間違いなくナイス・トゥー・ハブにはなるのかな、と思いますし、評価や昇進などと違って数が限られているわけではないので、取引にもならないのかなと」
「相手が嫌がったりしていないなら否定はしませんが、あまり繰り返すと、部下と友達のような関係になってしまう、というのは一つの問題でしょうね」
「そうか。築かなくてはいけないのは『上司と部下の関係』なのでしたね」

「上司と部下が仲のいい友達になるのは、マネジャーにとってメリットもあるかもしれませんが、それが命取りになることもあるので要注意です。友達と起業するとうまくいかない、と言うでしょう？　せっかく友人との起業という誘惑に打ち勝ったのに、後から部下を友達にしてしまっては結局同じことですからね」

「ユニバース時代、フルさんは部下と飲みに行ったりはしなかったのですか？」

「ヨーロッパでは、上司がメンバーをホームパーティーに招く、という文化があります。そういうパーティーはたまにやっていましたね」

フルさんはそう言うと、突然何かを思い出したように、キャビネットから1枚の写真を取り出した。二人の娘さんとフルさんが、ミラノの大聖堂の前で肩を組んで笑っている写真だった。

「私は経営者であったり、投資家であったりする前に、二人の娘の父親です。私の沢山ある肩書きのなかで、何か一つだけを残して後は捨てないといけないとしたら、私は迷いなく『彼女たちの父親』という肩書きを選びます」

写真のなかの娘さんたちを慈しむ眼差しを見て、僕はフルさんへの親しみが心のなかでスパークするような感覚を覚えた。

「部下と友達になるのは要注意だ、とは言いましたが、だからといって機械のように冷酷になれ、とは言っていません。この世の友達や家族以外の人間関係は、全てドライで無味乾燥、ということでもないでしょう。上司と部下の間にも、それにふさわしい情はあって然るべきです」

「高校時代の野球部の顧問の先生には、確かに友達とも家族ともまた違う、特別な情のようなものを感じていました。ヤスさんやフルさんもそうですが、そうして情を感じている人からかけられた言葉の方が、何を言われてもすっと胸に入ってくる、というのはやはりある気がします」

「人間同士が仕事をしていれば、感情のやり取りは、些細なものを含めれば1日に何往復も発生します。そんななか、全く心の通わない人と膝を突き合わせていては、コミュニケーションに支障が出たり、ストレスからパフォーマンスが落ちたりしてしまうことだってあるかもしれません」

「少し打算的で嫌な感じもしますが、自分に情を感じてもらうことで、マネジャーは部下のパフォーマンスの悪化を防いだり、時にそれを改善したりすることもできる、ということですね」

「そうして情を感じてもらうには、普段の社長や本部長、部長としての一面だけではなく、もっと立体的に自分を知ってもらう必要があります。私の仕事人として以外の一面を、全てのメンバーに公平に、それも一度に見てもらうことができるホームパーティーは、その意味でとても効果的だと感じていました」

「アメリカのドラマや映画では、よく偉い人のオフィスに家族の写真が飾ってありますよね。あの文化もきっとそんな効果を狙ってのものなのかな、と思いました」

「アメリカの話はよくわかりませんが、ヨーロッパでも、全社員向けのプレゼンテーションの最初などに、自己紹介として家族の写真を載せるエグゼクティブは多いです」

「なるほど。ただ、ホームパーティーもプレゼンに家族の写真を載せるのも、日本人としては少し照れ臭いのと、あまり文化に合っていないような気がします……」

「もっと型にはまったもので言うと、パーソナル・ヒストリーと呼ばれる、お互いの過去を振り返るセッションがあります。幼稚園、小学校、中学校、高校、大学、社会人などと時期を区切って、それぞれのタイミングで印象に残っている出来事を語り合う研修のようなものです」

「それを1オン1でやるのですか？」

「1オン1でやってもいいですし、オフサイトミーティングなどで、メンバー全員でやっても構いません。自分はこんな人だったのか、と改めて自分をメタ認知するいいきっかけにもなるので、そういうお題目でやれば自然に持ちかけられるでしょう」

「それはぜひやってみたい、と思いました」

「レンシオーニという人が考えた簡易的なものもあります。各自5分程度で自分の生い立ちを語り、それに対して他の参加者が質問をする、というチームビルディングイベントです。『幼少期の体験』『思春期の体験』『最初の仕事』などについて一つずつエピソードを話せばいいだけなので、5人なら30分もあれば一回りできると思いますよ」

◎心の通わない人と膝を突き合わせていては、コミュニケーションに支障が出たり、ストレスからパフォーマンスが落ちたりしてしまう

◎パーソナル・ヒストリーを共有し合い、仕事の肩書きを超えた、より立体的な自分を知ってもらうことで感情のつながりを築く

僕がメモを取り終えると、フルさんは僕の右肩をトン、と叩きながら自分も椅子に腰掛けた。

それが夜のとばりを下ろすスイッチだったかのように、窓の外の景色は気づけば夜景に様変わりしていた。

木々の合間から顔を覗かせる六本木ヒルズが、夜空に日本刀のような異彩を放っている。

今日はオフィスまでタクシーを使わず歩いて帰ろう。

気づけば僕は、フルさんのオフィスを出ることすら待ちきれず、すでに明日からの「リレート」に関するアクションを考え始めていた。

［リレートのアクションシート］

<table>
<tr><th></th><th>「ルールに基づく関係」をデザインする</th><th>「互恵性に基づく関係」をデザインする</th><th>「感情に基づく関係」をデザインする</th></tr>
<tr><td>目標設定</td><td rowspan="2">目標設定に集中力を発揮する（113頁）</td><td></td><td></td></tr>
<tr><td>評価</td><td></td><td></td></tr>
<tr><td>1オン1</td><td rowspan="2">上司と部下の関係を規定する慣わしをデザインし、セット&メンテする（109頁）</td><td>知識・人間関係・環境を整備してあげる（119頁）</td><td rowspan="2">パーソナルヒストリーを共有し合う（124頁）</td></tr>
<tr><td>チームミーティング
オフサイトミーティング</td><td></td></tr>
<tr><td>組織変更・異動・採用</td><td></td><td></td><td></td></tr>
<tr><td>研修</td><td></td><td></td><td></td></tr>
</table>

「リレート」のアクションプラン

［x月x日　経営会議］

●パーソナルヒストリーの共有セッション（簡易版）をやってみる
●各役員からの案件進捗レポートのルール（慣わし）を決めて、アナウンスする
●来季の目標設定についてスケジュールの頭出しをする

［x月x日　川田さん1オン1］

●法曹業界の業界知識をインプットするための、勉強会を提案する
●業界キーパーソンとのMTG設定を提案する

理解を深めるためのワークショップ

❶ 上司が依頼し部下が合意したアクションは必ず定例会議で進捗報告をする、などといったチームの「慣わし＝ルール」を、一つ考えてみましょう。

❷ ❶を定着させるには、どのような儀式や働きかけが必要か考えてみましょう。

❸ メンバーの目標設定について、前回どの程度時間を割いて、真剣に考えていたか、振り返ってみましょう。

❹ 知識・人間関係・環境の観点から部下に「ギブ」できるものはないか、考えてみましょう。

❺ 飲み会やゴルフ以外で、仕事人として以外の自分を立体的に知ってもらうための、イベントや取り組みを考えてみましょう。

第4章

デリゲート：
「自分では手を動かさない」のではなく「任せるというアクションをする」

Chapter 4

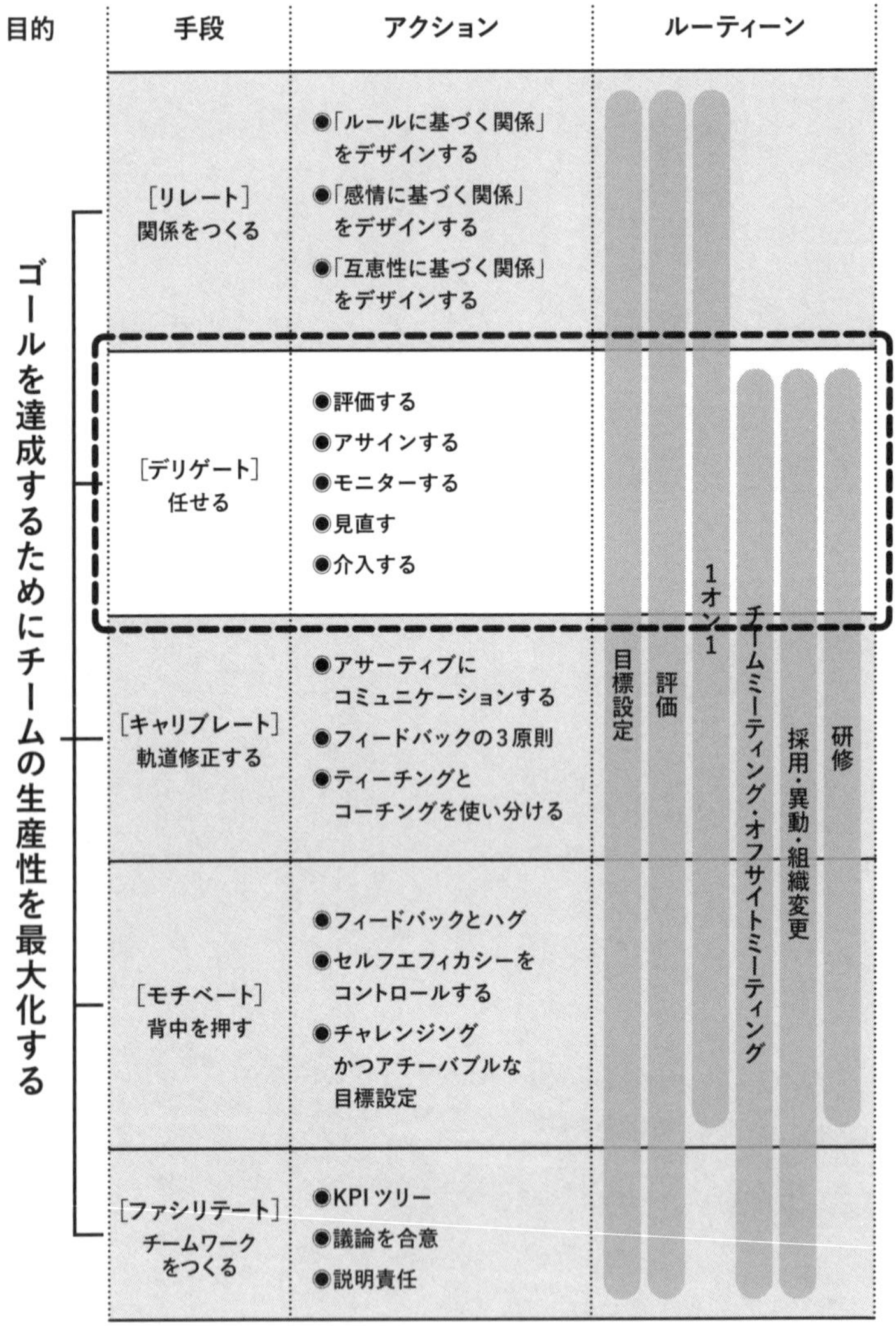
目的
手段
アクション
ルーティーン
ゴールを達成するためにチームの生産性を最大化する
［リレート］
関係をつくる
●「ルールに基づく関係」をデザインする
●「感情に基づく関係」をデザインする
●「互恵性に基づく関係」をデザインする
［デリゲート］
任せる
●評価する
●アサインする
●モニターする
●見直す
●介入する
［キャリブレート］
軌道修正する
●アサーティブにコミュニケーションする
●フィードバックの3原則
●ティーチングとコーチングを使い分ける
［モチベート］
背中を押す
●フィードバックとハグ
●セルフエフィカシーをコントロールする
●チャレンジングかつアチーバブルな目標設定
［ファシリテート］
チームワークをつくる
●KPIツリー
●議論を合意
●説明責任
目標設定
評価
1オン1
チームミーティング・オフサイトミーティング
採用・異動・組織変更
研修

この人に任せて本当に大丈夫？と不安になった時、マネジャーはどうするべきか？

営業担当役員の本間さんは、モーレッツ社員の巣窟とされる営業会社に新卒で入社し、わずか5年で本部長にまで上り詰めたツワモノだった。もっとも、その営業会社は、昇進後すぐに心と身体を壊して退職してしまうことになるのだが。

その後はしばらく療養したのち、東大発の学生ネットベンチャーに営業担当の役員として入社したという。そして、その会社が大手ネット企業に買収されたのに伴い、本間さんも本部長格でそちらの企業に籍を移した。

今では有名大学の学生が内定を取り合う人気企業の本部長経験者とあって、本間さんは世間的にはエリートの分類に入るのだろう。しかしこうして過去をひもといてみると、大手とベンチャー、ホワイト企業とモーレッツ企業を股にかけた、変幻自在の経歴の持ち主だった。

そういうキャリアの人は、ベンチャー経営者の目にはとても魅力的に映る。大手出身者を迎え入れて会社に箔をつけたい、という思いと、ベンチャーのカオス感に耐えられる経験者や若手でチームを固めたい、という思いを両方叶えてくれるからだ。

ヘッドハンターから紹介された時、本間さんはすでにその大手インターネット企業を退職して、転職活動に専念していた。前職で何か問題があったのではないか、と若干気にはなったが、他に取られる前にと、少し見切り発車気味にオファーを出した。

とても話しやすい、少しおちゃらけた気さくな人柄も、大手企業幹部の経歴に気圧《けお》されていた僕には「ギャップ萌え」だった。

入社後の本間さんは、いい意味でも悪い意味でも、予想以上にマイルドだった。

モーレツな企業文化で有名な営業会社出身、しかも直近は大手の営業本部長ということで、本間さんを迎え入れる営業部のメンバーは当初相当身構えていた。

しかし蓋を開けてみると、そのマネジメントスタイルにモーレツな要素はまるでなく、一方でロジックやデータを突き詰めるスマートさもさほどなかった。

ただ、営業チームのみならず他のチームのメンバーからも、本間さんはとてもよく慕われていた。うちの会社が学校だとしたら、本間さんは職員室まで生徒が話しかけにくるタイプの先生、といった感じだった。

営業に関する僕らの一番の課題は、何といっても新規顧客の開拓だ。採用プロセスのなかで本間さん本人にもそれは何度となく伝えており、新生経営チームの最初のメンバーとなった本間さんは、何より新規獲得営業立て直しの救世主になってくれるはずだった。

しかし、今のところ、新規顧客の獲得ペースに復活の兆しは見出せていない。現在、会社の利益を支えているのは創業期に獲得した顧客からの継続収入で、新規顧客獲得のペースは、旧経営陣の時代から長い間停滞したままだった。

この点に関して、僕はあえて本間さんに何も言っていなかった。僕にも営業の心得があったし、それなりに自信もあった。会社の屋台骨である初期顧客の大半を獲得したのは、他ならぬ僕でもあった。

しかし、何といっても本間さんは営業のプロだ。面接では、これまで僕は営業に人生を懸けてきた、と語っていた。

そして本間さんは、１００人規模の組織を率いた経験を持つ、マネジメントのプロでもある。

営業チームに関しては本間さんに一任します。オファー面談時にも着任時にも、はっきりとそう伝えていた以上、今さら僕が口を挟んでは約束が違う。


共同創業者の一人との関係が悪化したのは、実は営業方針をめぐってのことだった。

彼は専任の営業担当のはずだったのに、サービス開発の合間に営業をする僕より実績を上げられていなかったのだ。そこで僕は彼の仕事に不満を言うようになり、あれこれ口出しをするようになり、しまいには手出しまでするようになってしまった。

そんな僕の介入は、彼を慕う部下の前で彼の面子《メンツ》を潰すことになり、結果僕は彼のみならず、チームの大半をも失うことになったのだった。

営業に関しては、やはり本間さんに一任として、もうしばらく様子を見よう。

何度も思考の堂々巡りを繰り返して、結局はいつもそこに辿りつく結論に、僕はどこかで安心感を覚えながらタクシーを降りた。

評価、アサイン、モニター、調整、介入

「『任せない』と『丸投げにする』の2択。これは未熟なマネジャーが必ず一度はハマるマネジメントの罠です」

エスプレッソタイムに本間さんとのあれこれを共有すると、フルさんは医者が風邪の診断をするようにそう言った。

「この2つは全く逆のようでいて、実は似たもの同士なのです。いずれも、任せるというアクションから逃げている、という意味で」

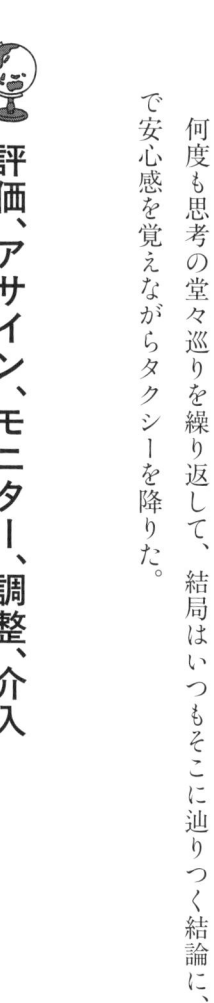

フルさんはそう言うときびきびとした動きで立ち上がり、黒のマーカーをピックアップするとホワイトボードに歩み寄った。

そして、評価する・アサインする・モニターする・調整する・介入する、という5つの言葉を縦に並べて書き記した。

「これが『デリゲート』というアクションです」

「『デリゲート』というのは、先々週はじめて聞いた言葉でした。英語では『任せる』という意味なのですよね」

「『委任する』という意味です。仕事を任せるとは、すなわち『委任する』ことなのです。首相が政府から送り出す特使に外国首脳との交渉を委任するように、上司は自分が引き受けた仕事の一部を部下に委任する。任せるとはつまりそういうことです」

「『委任』か……。そう言われると、何となくこう、そう軽々しくはできないな、という感じがしてきますね」

「実際に内藤さんが首相になったつもりで、外国首脳との大事な交渉を、政府の誰かに委任するシーンをイメージしてみてください。全権委任なのか、ここからは持ち帰ってほしい、というラインがあるのか。誰がふさわしくて、その人にはどこまでの知識・能力と人脈があるのか。そんなことを、内藤首相はきっとじっくり時間をかけて考えますよね」

「仕事を任せる場合も、それと同じくらい真剣に考えなくてはならない、ということですね」

「またそうして一度送り出した後に、現地で交渉を頑張る特使に電話でこまごまと口を出す、などということも内藤首相はしないでしょう」

「それならはじめから自分で直接電話会談でもすればいいですし、特使も相手から軽く見られてしまって現場での交渉がやり辛そうですね……」

フルさんはパイプをくゆらすように眉をひそめ、そこから大きく表情を緩めた。

「『丸投げマネジャー』あるいは『マイクロマネジャー』というのは、言ってみればまさにこうしたことをしているのですよ」

「僕はきっと、以前はマイクロマネジャーで、今は丸投げマネジャーになってしまってい

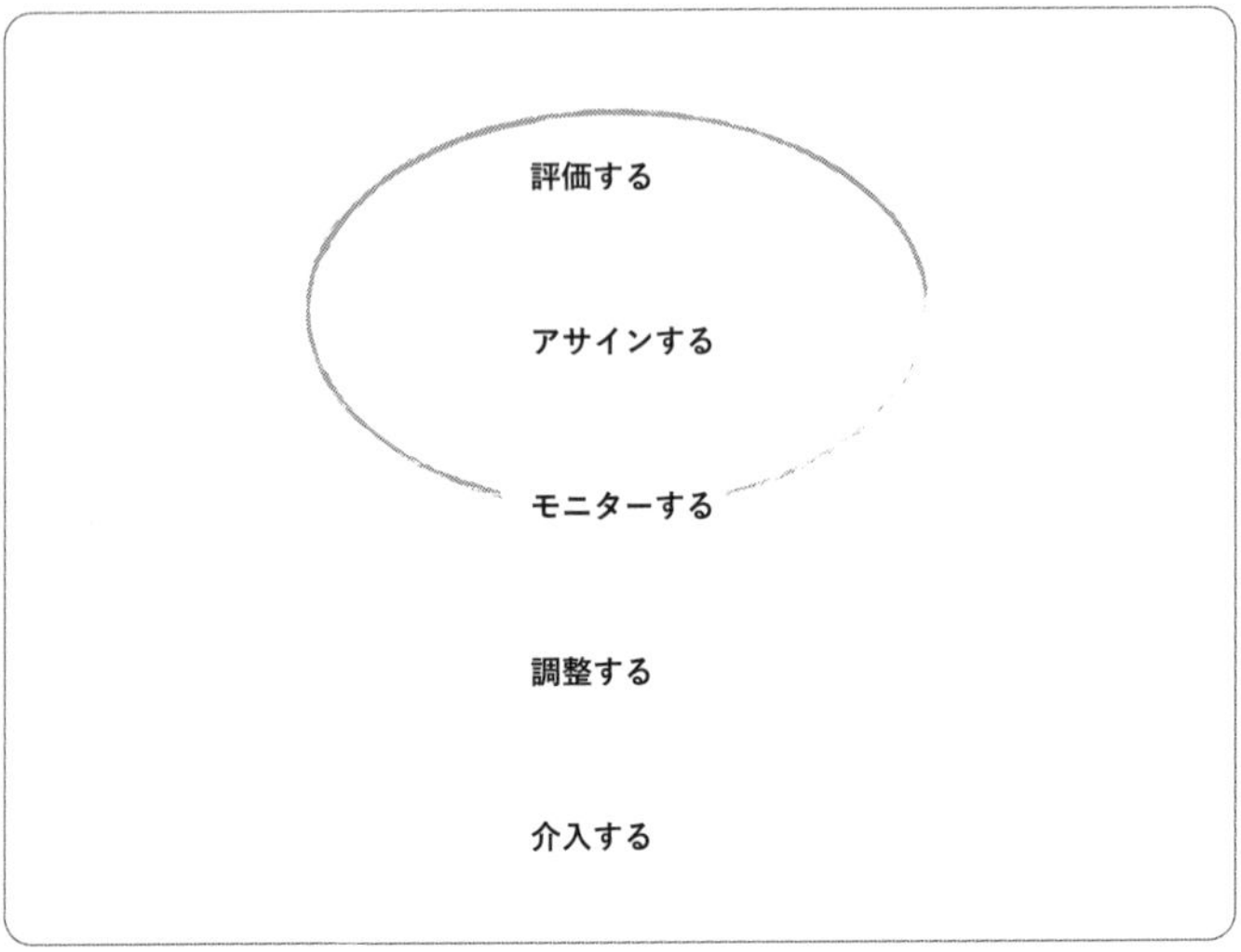

るのだと思います。一見すると180度変わっているようで、実は根っこのところでは全く同じ間違いを繰り返していたわけですね……」

「それはどんな間違い、なのだと思いますか？」

「一言で言うと準備不足……なのだと思いました」

僕がそう言うと、フルさんは静かに頷き、ホワイトボードに書かれた5つ言葉のうち、『評価する』『アサインする』と、『モニターする』の半分までを楕円で囲んだ。

◎「任せない」と「丸投げにする」の2択は、未熟なマネジャーが必ず一度はハマるトラップ。いずれも任せる、というアクションから逃げている
◎任せる＝評価する・アサインする・モニターする・調整する・介入する

その時点で部下ができることを「評価」する

「この5つのプロセスのうち、前半の2つと半分は確かに事前の準備に関することです。まずはその最初のステップ、『評価する』から細かく見ていきましょう」

フルさんがホワイトボードをトン、と叩く音で、僕は食らいついていたリーガルパッドから目を離した。

「……評価。これはマネジメント・ルーティーンの一つ、ではなかったでしょうか？」

「そこで言う評価は『アプレイザル』です。ここで言う評価は『アセスメント』。日本語にすると同じ評価なのでややこしいですが、アプレイザルは何かの価値を量るための事後評価、アセスメントは何かを実施する準備としての事前評価だと考えてください」

『環境アセスメント』という言葉を聞いたことがあります。大規模な工事を始める前に、環境への影響を事前に評価する、みたいなやつですよね」

「環境アセスメントで大事なのは、工事をやる前提ではなく、フラットな立場から幅広い環境への影響を評価することです。ここでのアセスメントも、その人の能力を、仕事を任せる、ありきではなく、できるだけフラットに評価していくことが大切です」

「その人の能力をフラットに評価、というのは、具体的には何をすればいいのでしょうか？」

「まずは過去の仕事ぶりに関するデータを集めます。それには3つの種類があります。自分で直接見た仕事ぶり。第三者から聞いた仕事ぶり。そして部下が自分で語る仕事ぶりです。それらの評価が手元に出揃ったら、マネジャーは全体を眺めたうえでの総合判断として、この人にはここまでなら任せられる、という評価の仮説を立てていきます」

「例えば本間さんみたいに、面接での自己PRや他社での評価と、僕が直接見た仕事ぶりに少しギャップがある場合はどう評価すればいいのでしょうか？」

「それらを踏まえた総合判断として、内藤さんは今の時点で、本間さんをどう評価しているのですか？」

「そうですね、正直に言えば、今の時点では新規獲得営業を手放しで任せられるとは思っていないかもしれません」

「だとすると、それが内藤さんの本間さんに対する事前評価、ということになります」

「……でも、その評価が正しいかどうかには自信がありません。あのような目を見張るキャリアを歩んできた人が、新規獲得営業がうまくできないなどとは、普通は考えられないので」

「先ほど私は『評価の仮説』と言いましたよね。ここでの評価はまだ仮説で問題ないのです。この後にその仮説を見直し、問題があれば修正していくプロセスが控えていますので」

フルさんはそう言うと、ホワイトボードに書いた「調整する」という文字をトントン、とタップした。

「ここで気にするべきは、それよりも評価の解像度です。何ができて何ができないのか。できない、のレベルはどの程度なのか。そうしたポイントをもう少し掘り下げて、本間さんの新規獲得営業に関する能力を評価してみてください」

「まず、新規獲得営業チームのマネジメントは安心して任せられます。本間さんより部下に慕われているマネジャーは、僕を含めて他にいないと思いますので。顧客との関係づくりも物凄く上手だと思います。過去に商談に同行した時、本間さんは創業期からお世話になっているお客さんとも、僕より古い知り合いのような間柄になっていました」

「では、その逆、つまりできないところの解像度も、もう少し上げてみましょうか」

「前職時代に培った広い人脈を活かして、アポ先の業界の裾野を広げてくれたのも確かですし、問題は何なのですかね……。ちょっとメモを取りながら考えさせてください」

◎その人は何ができて何ができないのか。どこまでだったら任せられ、どこから

が手にあるのか。仕事を任せるのに先立って、そういったポイントを、過去の仕事ぶりから暫定的に評価していく
◎評価を見直し、問題があれば修正するプロセスがこの後に控えているので、ここでの評価は仮説で問題ない

仮説として「アサイン」する

そうして改めて振り返って考えているうちに、僕は本間さんに対する自分の評価に、少しどころかだいぶ問題があったことを実感し始めていた。

新規獲得営業ができていない。そう一刀両断するばかりで、逆にきちんとできていることや頑張ってもらっていること、頼りになるところをしっかりと認識し、評価してあげられていなかったのだ。

そうなると、「ダメ出し」「口出し」「手出し」で相手に嫌な感情を募らせてしまうか、そ

れを避けて何も言わなくなってしまうかのどちらかとなる。「任せないｏｒ丸投げするの罠」は、こうして出来上がってしまうわけか……。

「……あくまで仮説ですが、本間さん自身、まだ僕らのサービスをよく理解していないのかもしれません。それが理由でセールストークに磨きがかからず、せっかく広い人脈を活かしてアポを沢山とってきてもらっても、それが成約に結びつきづらい状況が続いているのかもしれないです」

フルさんはよろしい、とでも言うようにゆっくりと頷く。

「では、そんな評価を踏まえて、改めて本間さんに新規開拓営業の仕事を『アサイン』してみてください。何を手放しで任せ、何を手解きするのか。ざっくりと削った木の塊から彫刻を削り出すような感覚で、本間さんへのデリゲーションを細かくデザインしていくのです」

「そうですね、こう考えてみると、どの業界のどこを攻めるかという営業戦略含め、営業組織のマネジメントは本間さんに一任で改めて問題ないと思いました」

フルさんは深く頷くと、僕に無言で続きをうながした。

「ただ、商談プロセスのなかのセールストークに関しては、一度僕が内容をチェックしてレビューさせてもらおうと思います。ここに関しては僕が創業以来磨きをかけてきた勝ちパターンがありますし、ここ半年で追加された機能が現場でどう売り込まれているかなどは、考えてみたらこれまで一度も確認したことがありませんでした」

特に話の続きはなかったのだが、フルさんの沈黙により突然生まれた妙な会話の間を埋めるために、僕は何か考えに漏れはないかと頭をフル回転させてみた。

「後は、少し抽象的な話になってしまいますが、『熱量』ですかね。僕は創業者だったので、サービスへの思い入れは蓋をされても溢れ出るくらいに持っていました。本間さんもサービスへの愛は持ってくれているとは思いますが、トークに僕ほどの熱量は期待できません。そのあたりは開発チームが何かサポートできないか、後で少し考えてみます」

◎何を手放しで任せ、何を細かく手解きするのか。ざっくりと削った木の塊から彫刻を削り出すような感覚で、デリゲーションを細かくデザインしていく

あえて機械的に「モニター」する

僕がそう言うと、フルさんはもう一度深く頷いた。そしてホワイトボードの「アサインする」を丸で囲い、「評価する」を囲った丸から矢印を伸ばした。

「次がデリゲーションの一番の要です」

そう言いながら、フルさんはホワイトボードの「モニターする」を2回タップする。

「評価とそれに基づいたアサインはあくまで仮説で問題ない、と言いましたよね。なぜなら、その後のプロセスで修正できるからです。しかし、それらを修正するためには、任せた仕事が順調に進んでいるか、ノーだとしたらどこに問題があるのかを細かく確認していく必要があります。そのための仕組みづくりがモニタリングです」

「進捗確認ということでしょうか」

「そうですね。ただし、ただ進捗確認をすればいい、というだけではなく、それを仕組み化して進めていく必要があります」

「仕組み化というのは、定例ミーティングを設定する、ということですか？」

「それも一つですが、他にも手段は沢山あります。1オン1のなかにWork In Progress＝WIP《ウィップ》の時間をつくってもいいですし、週報や日報をメールやスラックで送ってもらう、というやり方もあるでしょう」

「そのように仕組み化しないと、マネジャー側もチェックするのを忘れてしまう、ということですね」

「それもありますが、もっと大事なのは、任されている側の主体性をキープする、ということです。マネジャーがことあるごとに、あの案件は今どうなっていますか？などと聞いてきたりしたら、メンバーはどう感じるでしょうか」

「シンプルに煩わしいですし、自分は信頼されていないのだな、と感じると思います」

「しかもそれを個別にやられたりすると、チームのなかで自分だけが信頼されていないのかもしれない、などと疑ってしまいますよね。だから進捗確認は仕組み化し、あえて機械的に淡々と行うのが大事なのです」

「僕はよくスーパー銭湯に行くのですが、一度浴槽の水質チェックをしにきた店員さんが何だか慌てているのを見て、すぐにそのお風呂から出てしまったのを思い出しました。ああいうチェックは機械的に淡々と行われているからこそ、客は落ち着いて入浴できるのだと思いますが、部下の仕事のモニタリングもそれと同じ、ということですね」

「メンバーとしては、任された仕事である以上は、責任を持って主体的に進めたいですよね。そこにマネジャーからの問いかけに対応する、という応答責任を残してしまうと、どうしても主体がマネジャー側に残ってしまいます」

「応答責任？」

「英語の『レスポンシビリティ』のことです。レスポンスは『応答』ですよね。それに対して、相手の指示や要望にいちいち応答する必要はないけど、相手に自らの行いをしっかりと説明する必要がある、というタイプの責任を『アカウンタビリティ』と言います。日本語にすると説明責任ですね」

「アカウンタビリティは例えば、経営者の株主に対する責任のようなものですかね。経営者である僕は、株主の指示や要望にいちいち応答する責任はないけれど、株主に重要事項をしっかりと説明する責任がある、という」

僕がそう言うと、フルさんは少し驚いたように微笑み、ゆっくりと頷いた。考えてみれば、フルさんは他ならぬ僕らの株主なのだった。

「まさにその通りで、マネジャーは自分が株主の立場になってメンバーに説明責任を求めることで、メンバーをその案件の『経営者』にしてあげることができるのです。そうすることで、マネジャーはメンバーの主体性をキープしつつも、それぞれの案件の進捗を把握することができるようになる。いい例えですね。今後私も使わせてもらいます」

◎モニタリングとは、定例ミーティングやWIP、日報・週報などの「仕組み化された進捗確認」
◎モニタリングはあえて機械的に淡々と行い、メンバーには応答責任ではなく、説明責任を追求してもらう。そうすることで、メンバーをその案件の「経営者」に仕立て上げる

評価とアサインを「調整」する

「経営会議では、定例の議題として、最初に役員からそれぞれの領域のＫＰＩ報告をしてもらっています。その意味では一応モニタリングをしているのですが、報告を聞いては『はいわかりました』という感じで、ほとんど形骸化してしまっている、というのが正直なところです」

「チェックするべきポイントがわからないから、そうなるのだと思いますよ。例えば本間さんの場合、先ほどのように評価&アサインができていれば、チェックするべきは成約率だとわかるでしょう。セールストークのテコ入れを手伝ってあげて、結果がそれに左右される成約率が上向いてきていれば、『任せる』は思った通りに機能していると評価できるわけです」

「逆に思った通りに改善していなかったら、プラスアルファのサポートが必要なのか？あるいは別の能力の評価に問題があったのか？などとさらなる仮説を立てて、評価やアサインを調整していけばいいわけですね」

「そうですね。ただ、そうした仮説の確認や評価&アサインの調整は、その場で急いではしないように注意してください。マネジャー本人にその気はなくても、セールストークの○○というポイントはしっかり伝えましたか？などとみんなの前で自分のトピックだけ深掘りされると、メンバーは詰められているように感じてしまうことがあるからです」

「気になる点はメモを取っておいて、後ほど1オン1などで確認する感じですかね……でも例えば、いついつまでになになにをしておく、みたいな、単純なタスクの進捗で期日を守っていなかったようなケースでも、その場では指摘をしない方がいいものなのでしょうか？」

「みんなの前でそれが明らかになる時点で、当人はまずい、という気持ちになるはずです。それだけで十分次回に向けた抑止力にも、お尻叩きにもなるでしょう。そういうことが何度も続くようであれば、そもそもの態度や意識に問題があるので、軌道修正をするための『フィードバック』が必要です。その点については来週お話しする予定です」

「期日を守らない、などというよくないことをその場でスルーしてしまっては、みんながそれでもいいのかなと思ってしまい、チームの空気が緩んだりはしないものですかね？」

「それが何回も繰り返されるのを放置しているとそうなりますが、みんな次にはしっかりとキャッチアップしてくるという状態をキープできれば、誰かがたまにやらかすミスはむしろちょうどいい組織の『あそび』になります。それでもしっかりキャッチアップしてくれるか不安だな、と感じる場合は、『ナッジング』をしてみるといいですよ」

「ナッジング？」

「ナッジとは肘でつつく、という意味です。直接指摘するのではなく、肘でつつくようにほのめかすことで、部下に好ましい行動をとってもらうためのアクションです。後で詳しく状況を教えてもらってもいいですか？などと声掛けをしてみたり、普段とは違う反応をしてみたりすることで、メンバーが改善に向けて動き出すようそっと仕向けるのです」

そう言われ改めて思い返してみると、これまでフルさんは、何度も僕に「ナッジング」をしてくれていたのかもしれない。

あえて何も言わないで間をつくる。わかりやすい笑顔を見せる。そうした行動は、決してその場限りの気まぐれ、というわけではなかったのか。

ふと目が合うと、フルさんはそんな僕の回想を見透かしたように、いたずらっぽく微笑んだ。

◎評価&アサインをしっかりすることで、モニタリングで注目すべきポイントがわかる
◎そうした注目ポイントに問題があれば、追加のサポートが必要なのか?ある

いは別の能力の評価に問題があったのか？などとさらなる仮説を立てて、評価やアサインを調整していく
◎チームミーティングなどのシーンでは、気になることがあっても、その場で仮説の確認や評価＆アサインの調整を急ぐべきではない

トレーニング・研修でメンバーのスキルを調整する

「モニタリングで問題が発見された時、任せている仕事を調整するのが常套手段ですが、メンバーのスキルや経験自体に調整をかけることも一つの選択肢です。つまり、トレーニング・研修を実施して、足りないスキルや経験を補ってあげるのです」
「研修は、確か『ルーティーン』のなかに入っていましたよね」
「その通りで、研修はいろいろな手段・アクションの入れ物になることができます。研究結果の発表を任せるのに、プレゼンのスキルが足りないので研修を受けてもらう、などと

いうケースでは『デリゲーション』の一部ですし、ハラスメント研修やコンプライアンス研修などは、来週のテーマである『キャリブレーション』の一環と考えられます」

「本間さんは、前職で泊まりがけのマインドフルネス研修を受けたことがある、と言っていました。自分を知ることで潜在能力を掘り起こす、みたいな話でしたが、そういうのはメンバーの背中を押す『モチベート』のためのトレーニングと言えるのですかね」

「集合研修なので、チームワークを『ファシリテート』するという目的もあるのでしょう。私の古巣でも、幹部がチームに分かれて料理をつくったり、みんなでボードゲームをしたりといったチームビルディングイベントをよくやっていました」

そう言われて、僕は経営メンバーがみんなで料理をつくっている姿を想像してみた。川田さんや本間さんたち経営メンバーと僕とが、キッチンにひしめき合ってみんなで料理をする姿は、想像するだけで何とも居心地が悪かった……。

「みんなで料理をつくるというのは、チームビルディングイベントとして確かに面白そうですが、日本の会社でやるにはなかなかハードルが高そうです」

「トレーニングは、大きくティーチング型とコーチング型に分けることができます。みんなで料理をつくる、みたいなタイプの研修は、気づきを与えるコーチング型です。良い悪いは別として、日本の教育は、学校教育にせよ社会人教育にせよ全体的にティーチングに偏っている印象がありますね」

「コーチングは、確かに受けたことも自分でやったこともないですし、そもそもそれが何なのか、実はよくわかっていないかもしれません。でもそれを言うなら、ティーチングの方は今はじめて聞いた言葉です」

「いえいえ、お馴染みのＯＪＴやＯｆｆ-ＪＴのことですよ。少し専門的な言い方をすると、レベルが高い人から低い人に、知識やスキルを滝が流れるように伝えていくのがティーチングです。それに対してコーチングは、コーチがコーチー（コーチングを受ける人）を、対等な立場から、質問や問いかけを通じて気づきに導くアプローチです」

「日本では研修＝ティーチングなので、わざわざそう呼ぶ必要もなかった、ということなのですかね。パンのバゲットを、バタールやブールなどと区別しないでフランスパン、と呼ぶような感じというか」

「それを言うなら、スパゲッティーを、リングイネやフェットチーネなどと区別しないでパスタと呼ぶような感じですよ」

そうまくしたてるフルさんは、珍しく僕の話の腰を折った。

そんな自分に少し驚いたように、フルさんはおどけたようなしかめ面をして、襟元を正しながら咳払いした。

「壮大に脱線しましたね。話を元に戻しましょう。デリゲートの一部としてメンバーのスキルを補うシーンでは、時間がかかり成果も確実でないコーチングにはあまり出る幕がありません。ですから、ここではトレーニング＝ティーチングと考えてもらって結構です。コーチングについては、次回以降どこかで時間をとって説明したいと思います」

◎モニタリングで問題が発見された時、トレーニングを実施して、メンバーのスキルや経験自体に調整をかけることも一つの選択肢

◎知識やスキルのレベルが高い人から低い人に、一方通行でそれらを流し込む教育方法がティーチング。それに対してコーチングは、コーチがコーチーを、対等な立場から質問や問いかけを通じて気づきに導くアプローチ

最終手段として「介入」する

「そして、最後は『介入』です」

フルさんはそう言いながら、全てのステップを丸で囲い、上から下に矢印のチェーンをつなげた。最後のチェーン、『調整する』と『介入する』をつなげる線は、そこだけが点線になっている。

「これは『最後のステップ』というよりは『最終手段』です。このまま進めてしまってはメ

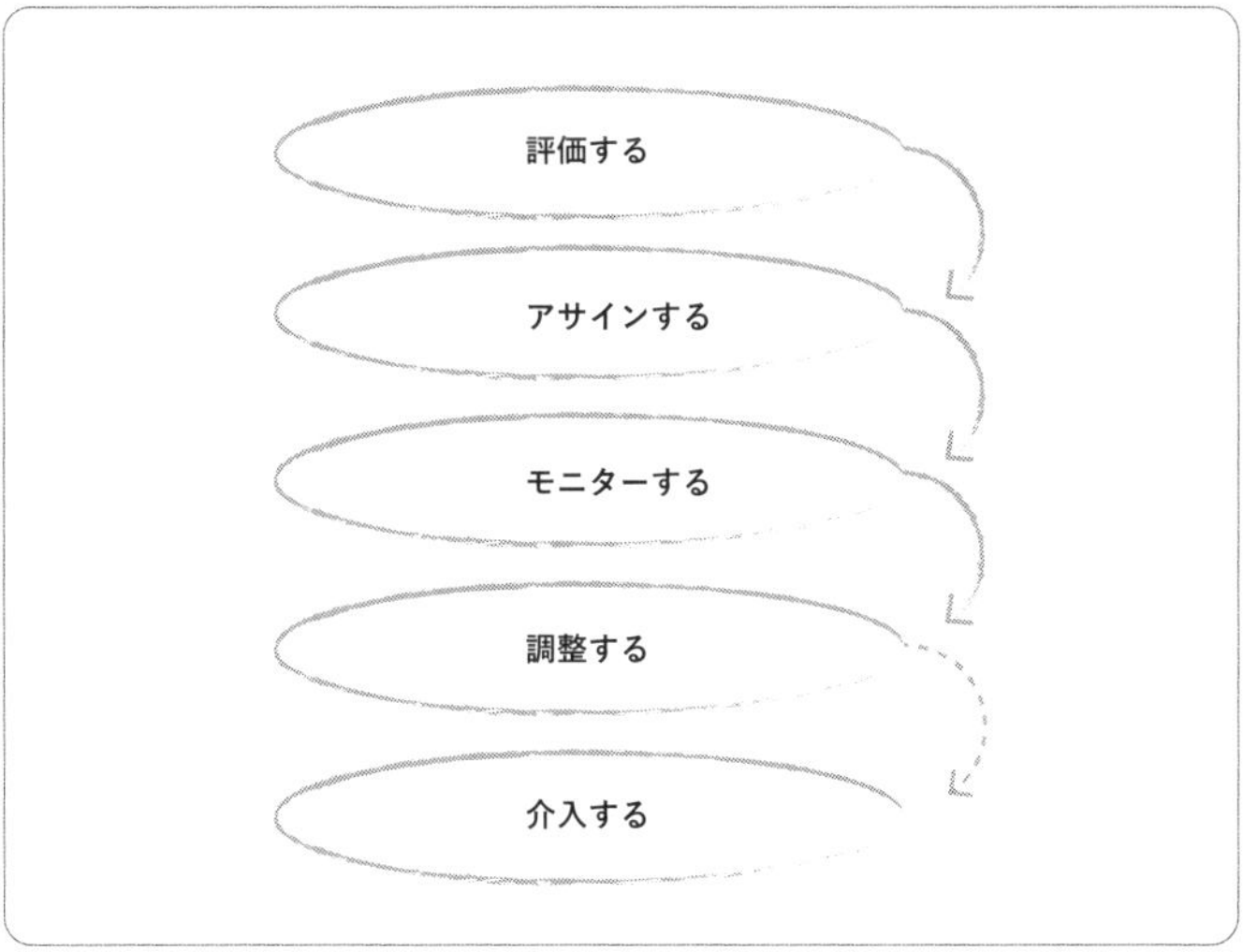

ンバーのためにも会社のためにもならない、という差し迫った事態が発生した時に、マネジャーは普段は閉まっているカバーを開けて、はじめて『介入』のスイッチを押すのです」

「正直これまで僕は、かなりの頻度で部下の仕事に介入したり、痺れを切らして全部を巻き取ったりしてしまっていました。確かにあまりよろしくなかったな、とは思いつつ、それほど嫌がられた、という記憶もなかったりするのですが……」

「上司の介入は部下の主体性を完全に奪ってしまうので、それ以降は意欲も成長もほとんど期待できなくなります。

それだけではなく、介入は時に、部下の自己効力感を大幅に低下させてしまいます。いずれの場合でも、部下は上司の介入に強く反発したりはしませんが、結果としてパフォーマンスは大きく落ち、その回復には少なからぬ時間が必要とされます」

「自己効力感？」

「『セルフ・エフィカシー』の日本語訳です。自分ならできる！という感覚。スポーツや音楽でも、自分ならできる！という自己効力感に包まれている時、アスリートやミュージシャンは高いパフォーマンスを発揮します。逆に自分はダメかもしれない……という弱気な気持ちになると、どんなスーパースターでも不振に見舞われてしまいます」

「なるほど。だから野球の監督は、いくら不振に喘いでいたとしても、滅多に主力打者をオーダーから外したりはしないのですね。そこで自己効力感の低下をこじらせてしまうと、さらにパフォーマンスが落ちてその回復はいよいよ難しくなってしまう、という」

「それはビジネスでも同じです。だからマネジャーは、自分の介入が必要にならないよう入念に仕事をデリゲートし、最悪必要になった場合でも、それを最小限にとどめる必要があるのです」

◎上司が介入することで、部下の主体性は失われ、自己効力感を大きく低下させてしまうことがある
◎マネジャーは、自分の介入が必要にならないよう入念に仕事をデリゲートし、最悪必要になった場合でもそれを最小限にとどめる必要がある

そんなフルさんの話を聞きながら、僕はかつて自分が共同創業者にやってしまった「荒療治」を思い出し、頭が真っ白になりそうだった。

何かを問われたらしどろもどろになってしまいそうなので、僕は必要以上に大きく頷きながら、リーガルパッドのページをめくりメモに没頭しているフリをした。

そもそも僕が業務をうまくデリゲートできていない、という身から出た錆だったにもかかわらず、僕は自分が介入しなくてはならなくなったことに、当時むしろ苛立ちすら覚え

ていた。

そしてそんな苛立ちのままに、必須のステップをいくつも飛ばして、彼から乱暴に仕事をはぎ取ってしまっていたのだった。

そうして僕が乱暴に介入することで、潰してしまったのは彼の面子だけではなかったのかもしれない……。


彼は今、どこで何をやっているのだろう。


心療内科医から彼らのソーシャルメディアを見ることを止められて以来、二人の消息は僕には何もわからなくなっていた。

最近ではそれを知ってしまうのをどこかで恐れるようになり、共通の知人と会ったりしても、二人の話題は慎重に避けるようになってしまっていた。

窓の外を見るとあたりもうすっかり暗く、遠くに聳える六本木ヒルズは、何万人もの患者を収容する巨大な病院のように不気味に輝いて見えた。

［デリゲートのアクションシート］

	評価する	アサインする	モニターする	調整する	介入する
目標設定					
評価					
1オン1	実績の自己申告を確認（140頁）	業務の割り当て（144頁）	進捗の詳細をヒアリング（147頁）	ナッジング（152頁）	自己効力感のケア（160頁）
チームミーティング オフサイトミーティング			仕組み化された進捗確認（147頁）		
組織変更・異動・採用	過去の実績を把握（140頁）				
研修		足りないスキルのトレーニング（154頁）		足りないスキルのトレーニング（154頁）	

「デリゲート」のアクションプラン

［x月x日　本間さん1オン1］

- 自己効力感が落ちないように、できていることにフォーカスして感謝し、励ます
- 自分の視点でつくったセールストークを提案する

［x月x日　経営会議］

- 新規顧客開拓営業の成約率について、改善しているかどうかをモニタリングする
- システム開発チームから営業チームに、最新の商品知識をどうアップデートし、プロダクトにこめた思いをどう伝達するか議論

理解を深めるためのワークショップ

❶ 部下の一人を思い浮かべ、その人に何か具体的な仕事をデリゲートする前提で、この人にはここまでなら任せられる、という評価の「仮説」を立ててみましょう。

❷ その仮説に基づいて、その仕事のどこからどこまでをどうお願いするか、アサインの仕方を細かくデザインしてみましょう。

❸ お願いした仕事の「モニタリング」を、どう進めていくか考えてみましょう。

❹ その仕事をお願いするにあたって、その部下に必要なトレーニングはないか、あればそれをどう実施するかを考えてみましょう。

第 5 章

キャリブレート：

「褒めて伸ばす」だけではなく
コースを外れそうな時は「軌道修正する」

Chapter 5

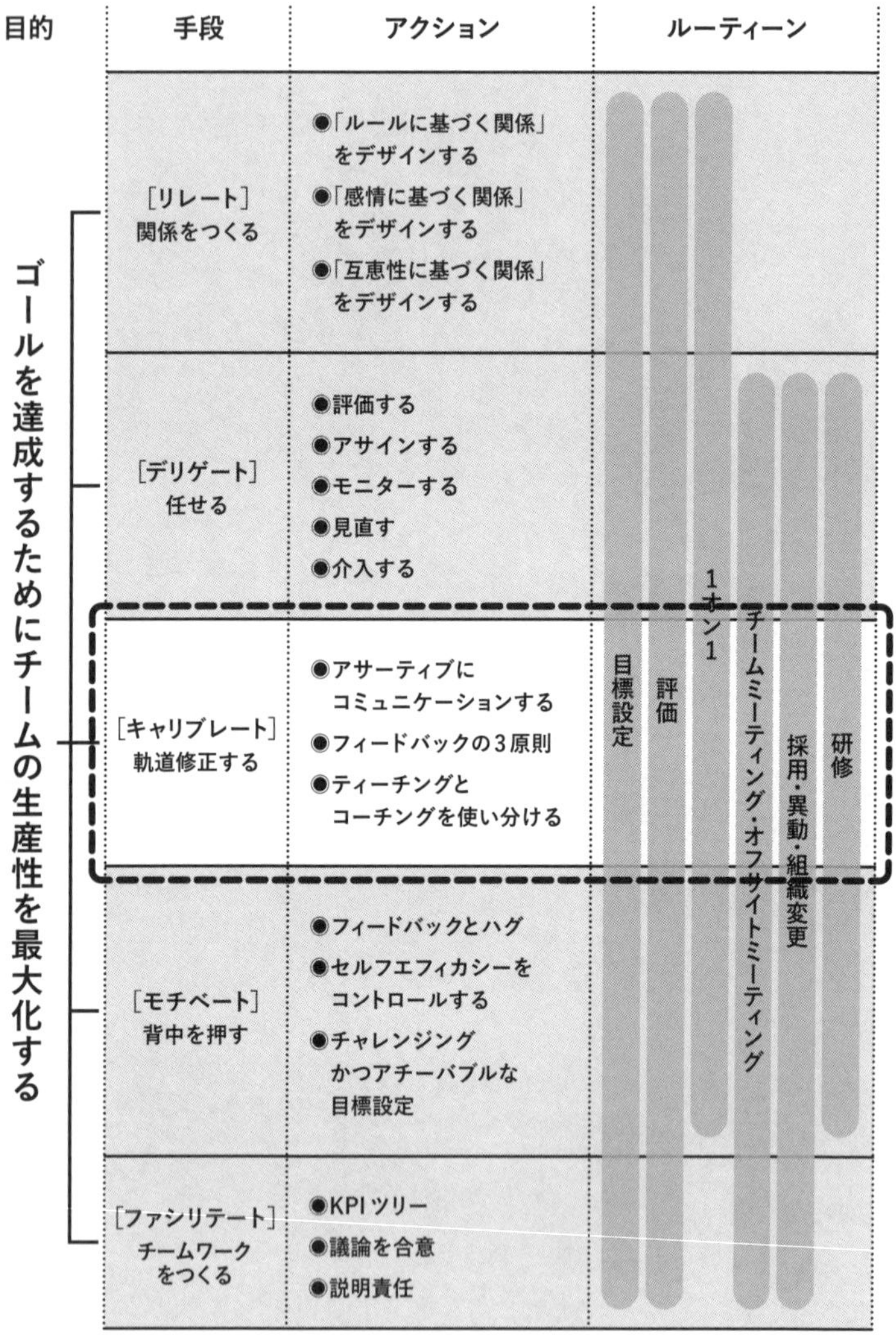
目的
手段
アクション
ルーティーン
ゴールを達成するためにチームの生産性を最大化する
［リレート］
関係をつくる
●「ルールに基づく関係」をデザインする
●「感情に基づく関係」をデザインする
●「互恵性に基づく関係」をデザインする
［デリゲート］
任せる
●評価する
●アサインする
●モニターする
●見直す
●介入する
［キャリブレート］
軌道修正する
●アサーティブにコミュニケーションする
●フィードバックの3原則
●ティーチングとコーチングを使い分ける
［モチベート］
背中を押す
●フィードバックとハグ
●セルフエフィカシーをコントロールする
●チャレンジングかつアチーバブルな目標設定
［ファシリテート］
チームワークをつくる
●KPIツリー
●議論を合意
●説明責任
目標設定
評価
1オン1
チームミーティング・オフサイトミーティング
採用・異動・組織変更
研修

メンバーの「子供のようななりふり」にどう向き合うか？

システム開発担当の役員でCTO（チーフ・テクノロジー・オフィサー）も務める塚本さんは、一匹狼だ。

システム開発チームのメンバー以外では一番接点があるはずの僕でも、塚本さんのプライベートはほとんど把握できていない。

結婚しているということだけは知っているが、後はどこに住んでいるのかすら、人事データベースを確認してみないとわからない始末だった。

一対一で飲みに行ったことがないのはもちろん、新年会や忘年会含め、あらゆる飲みの席で塚本さんを見かけたことは一度もない。

経営会議メンバーで開催した川田さんの歓迎会にも顔を出さなかったためか、川田さんは何となく塚本さんに苦手意識を持っているようだった。他の役員の発表には何かコメントをすることが多い川田さんも、塚本さんが話し始めると途端にダンマリを決め込んでしまうのがいつものことだ。

そんなキャラクターなものだから、塚本さんは経営会議が始まる前の雑談にも一切入ってこない。

時間の無駄使いはやめてくれ、とでも言わんばかりに頻繁に時計を眺め、僕がようやく本題を切り出すと、ため息まじりにラップトップから顔を上げる。そんな塚本さんの不機嫌な立ち振る舞いを、僕はもはや経営会議を始めるための儀式のようなものだととらえていた。

塚本さんの近寄りがたさには、おそらくそのビジュアルも一役買っていた。色黒でマッチョ。とは言ってもボディービルダーのようなゴツい体つきではなく、海外のファッションモデルのようなスマートな筋肉質だ。

営業チームの誰かが発見したそれらしきXのアカウントには、総合格闘技と、フィジークという肉体美を競うボディービル競技に関する投稿が並んでいたという。

誰かに腹が立つことがあっても、やろうと思えば俺はこいつを一瞬で落とせる、と思うと心が落ち着く。そんな投稿があった、という噂を聞いてから、不意にラップトップから顔を上げる塚本さんの視線に捕まると、僕はいつも咄嗟に目をそらしてしまうのだった。

そんな塚本さんだったが、エンジニアとしての腕は確かだった。

出身はたまたま本間さんと同じ国内の大手ネット企業だが、在職中は塚本さんと本間さんが絡む機会はなく、二人ともお互いを認識していなかったらしい。

本間さんによると、塚本さんに与えられていたグランド・マスターという称号は、同社のエンジニアとしては最上級の名誉だったのだという。

本間さんが直接見知っていた他のグランド・マスターたちは、ほとんどがGoogleやらAppleやらのアメリカ本社に転職していった、とのことだった。

僕にとって嬉しいサプライズだったのが、そのうえ塚本さんが、想像以上に部下のマネジメントにも長けていたことだった。

昔はよく一緒に徹夜をした、僕と気心の知れた古参のエンジニアに話を聞いても、マネジャーとしての塚本さんはすこぶる評判がよかった。

当時の開発トップも共同創業者とともに会社を去ったことで、一時壊滅状態だった開発チームの組織サーベイのスコアは、塚本さんの手腕によって1年で元あった水準以上に持ち直していた。

その点も含めて総合的に考えると、塚本さんは経営メンバーでは一番の優等生といってもよく、目を引く成果が出せていない他の役員は、実績で無言のマウントを取られているようなところもあった。


事件が起きたのは、今週の経営会議でのことだ。


アポ帰りの僕と本間さんが少し遅れて会議室に入ると、その張り詰めた空気は、取引先の担当者について軽口を叩く本間さんを一瞬で絶句させた。

席に着くと、思い詰めたような表情で机を見下す川田さんが目についた。

塚本さんはいつも以上に殺気だって、ラップトップを睨みつけながらキーボードを叩き続けている。

「何があったのですか？」

本間さんがファイナンス担当の花岡さんに尋ねると、突然川田さんが立ち上がり、僕の方を向いてこう言った。

「この人とは一緒に仕事できません」

指を指された塚本さんは顔色一つ変えずにキーボードを叩き続けている。次の瞬間、川田さんは自分のラップトップとノートをまとめ、会議室から足早に出て行ってしまった。

慌てて経営会議を解散させ、川田さんを追いかけて聞いたことの経緯は、次のようなものだった。

来月に始まるプレゼントキャンペーンに向けて、応募フォームと顧客データベースの一部を改修して欲しい。川田さんが塚本さんにそうメールをしたのは2週間前のことだったという。

しかし、その後リマインドを送ったのにもかかわらず、待てど暮らせど返事はこない。その間一度経営会議で顔を合わせているのだから、川田さんもそこで確認すればいいものを、もう一度やはりメールでリマインドをして、ついに返事を受け取らないまま当日を迎えたということだった。

そこまでならまだ誤解や見落としの可能性もあったのだが、メールは見てくれていますか?という川田さんの問いかけに対し、塚本さんは顔を歪めて川田さんを睨みつけたのだという。

依頼はスラック経由で、と言いましたよね。スレッドで管理したいので。

そう言い放つと、後は川田さんには目もくれず、まるで悪魔祓いでもするかのように猛烈な勢いでキーボードを叩き続けていたとのことだ。

大人になってから、あそこまで剥き出しの敵意と嫌悪感を向けられたことはなかった。そう顔をこわばらせて語る川田さんは、僕と話すことで少しずつ冷静になり、最後には経営会議を抜け出したことを何度も詫びてくれた。

会議室に戻ると、花岡さんと本間さんが何やら話し込んでいたが、僕の姿を見るなり立ち上がって会釈をしながらオフィスに戻って行った。

塚本さんはすでに自席に戻っているようだった。スラックで声をかけるとすぐに反応があり、会議室に来てもらって二人で話をすることにした。

意外なことに、塚本さんは僕伝いで聞く川田さんの言い分を、特に否定することなくそのまま受け入れているようだった。

開発案件の依頼はスラック経由で。川田さんには入社時のオリエンでそう伝えてある。その時もその後も彼女からの異論はない。だから、メール経由の依頼は取り合う必要がないはずだ。

塚本さんは、地球が太陽の周りを回っているという事実を下っ端の異端審問官に解いて聞かせるガリレオのように、淡々と僕にそう語った。

小中学生の頃、弟とよくこういう喧嘩をしていた気がする。

そもそも依頼をする前に一言声をかけたり、先週直接顔を合わせた時に口頭で確認したりしない川田さんも川田さんだが、一度そう言ったからと頑なにメールを無視し続ける塚本さんも塚本さんだ。

僕と弟の兄弟喧嘩なら、喧嘩両成敗ということで父親が二人を一喝して終わりだったが、僕は二人の親ではない。それどころかむしろ年上の役員を相手に、そのなりふりを注意するのはどうかと思ったし、それで二人とも辞められてしまったら一大事だ。

当面二人の間には僕が入って会話を取り持つこととし、お互いとはそれぞれに寄り添ったコミュニケーションを心がけよう。そうこうしているうちに二人の腹の虫が収まれば、事態はやがて落ち着いていくだろう。その時の僕は、小学生がテストの前に学校がなくなってしまうことを祈るような心持ちで、そう考えていた。

軌道修正をしてくれる人に、腹を立てる人はいない

エスプレッソ・タイムに塚本さんと川田さんの一件を一通り話すと、フルさんの眉間には風雲急を告げる2本の深い皺が刻まれた。

フルさんはダブルで入れたエスプレッソに、いつものようにスティックシュガーを2本投入した。そしてそれを木のマドラーで勢いよくかき混ぜると、薬を飲み下すように一気に飲み干した。

「内藤さん」

「……はい」

「マネジャーの役割は何でしたか?」

「組織のゴールを達成するためにチームのパフォーマンスを最大限引き出すこと、です」

「では、内藤さんのチームのパフォーマンスは、このケースではどのオプションを取れば一番引き上がるでしょうか。放っておくこと。内藤さんがメッセンジャーになること。そして、二人に注意してそれぞれ態度を改めてもらうこと」

今回の事件の根本的な原因は、二人が奏でる不協和音に気づいていながら、僕がそれを放置してしまっていたことだろう。このまま何もせずにいれば、問題は悪化するか、解決しないままかのどちらかに決まっている。

そして、マーケティングのヘッドとシステム開発のヘッドが会話もできない状態でいるのは、チームのパフォーマンスにとってはどう考えても悪影響だ。それに、川田さんのストレスはもう限界に見える。このまま何もケアせずに退職されてしまっては、それがまた組織崩壊の引き金になってしまうかもしれない。

そんなわけで僕が間に入ることにしたわけだが、果たしてこれは、チームのパフォーマンスにはどう影響するのだろう。

よく考えてみると……。社長がメッセンジャーの役回りをして、それでチームのパフォーマンスが最大化するのだとしたら、そもそもその社長を取り替えるのがチームにとっては一番よさそうだ……。

一方の軍では、最高司令官が仲違いする幹部同士のメッセンジャー業務に勤しんでいる。その間もう一方の最高司令官は、戦況を鳥の目で見て冷静に作戦を考えたうえで、それを幹部たちにしっかりと実行させている。勝敗は誰の目にも明らかではないか。

フルさんは何も言わずじっと僕を見つめている。

フルさんのターコイズブルーの瞳が放つ、翡翠の竜のような静かな覇気に気圧されて、僕はなかなか言葉を見つけることができない。

「……僕が二人に注意をして、お互いに態度を改めてもらう必要がある。それは何となくわかっているのですが」

僕は、フルさんの瞳に映り込む自分自身に言い訳をしているような気分になっていた。

「それで二人がヘソを曲げて辞めてしまったら、と考えると……。この状況での更なる幹部の退職には、この会社はもう耐えられそうにありません……」

塚本さんと川田さんのことを大人気ない、と批判した僕は、それではちゃんと大人なのだろうか。

鬼の居座る場所を前にしてそこをなんとか遠回りしようとし、別の鬼に見つかっては首根っこをつかまれて、こうして赤ん坊のように泣き出しそうになっている僕が？

「内藤さんがマネジャーとしてするべきことは何か。それが自分でわかっているなら、後はそれをどう実行するかでしょう」

フルさんにそう断言されて、僕は不思議と少し、心が落ち着いてくるのを感じた。

「コースを間違えそうになった時に、それを指摘してくれ、軌道修正をしてくれる誘導係に腹を立てるマラソンランナーはいないはずです」

今フルさんが僕にしてくれていることが、まさにそうした「軌道修正」なのだろう。

確かに、そうしてくれるフルさんに対して、僕が腹を立てる、などいうのはもってのほかだ。

「人が腹を立てたりヘソを曲げたりするのは、軌道修正そのものに対してではありません。まずは関係性＝リレートがしっかりとできているかどうか、ですが、それができている前提なら、問題はその『やり方』なのです」

「アサーティブな」コミュニケーションをする

僕の頭のなかでちょうど考えがこなれたのを見透かしたように、フルさんは頷いて椅子から立ち上がり、ホワイトボードの前に立った。

そして、アグレッシブ、パッシブ、パッシブ・アグレッシブ、アサーティブという4つの単語を、十字の四つの端にそれぞれを配置するように書き記した。

「この話は聞いたことがありますか?」

「いえ、ない、と思います」

「このテーマは、英語圏では、マネジメント研修の定番中の定番です。私はビジネスの世界に入ってから、少なくとも3回はこのテーマに関する研修を受けています。日本では知名度が低いというか、ほとんど無視されているようなテーマなのですが、それは一番の鍵となる『アサーティブ』という言葉が誤解されているからなのだと思います」

「アサーティブ……はじめて聞く言葉です」

「アサーティブとは、辞書的には『断定的な』『キッパリとした』という意味の言葉です。このアサーティブこそが、マネジャーが採用するべき理想的なコミュニケーションのスタイルである、というのがこのフレームワークの教えるところです」

「断定的な物言いは、日本では一般的にあまりよくないこと、とされている気がします」

「アサーティブを『断定的』と訳すのは、本来あまり正しくないのだと思います。もっとも、私たちは言語学者ではないので、それを日本語にどう訳すかは一旦わきに置いておきましょう。この先ここでは、かくいう『アサーティブなコミュニケーション』とは一体何なのかということを、他のスタイルと比べることで掘り下げていくこととします」

そう言うとフルさんは、ホワイトボードの「アグレッシブ」という文字をタップする。

「まず、アグレッシブとは『攻撃的な』という意味です。先ほど聞いた塚本さんの川田さんに対する振る舞いは、まさにアグレッシブ・コミュニケーションの典型例です」

「アグレッシブは『積極的な』という意味ではないのですね。どちらかと言うといい意味の言葉、なのだと思っていました」

「そういう意味もありますが、『攻撃的』ととらえるのが一般的です。『アグレッション』とは本来『軍事侵攻』のことですから」

「攻撃的なスタイルの人は、僕はかなり苦手です。弁護士の道を選ばなかったのは、学生の頃裁判の傍聴をしてみた時に、弁護士たちの攻撃的な言葉のやり取りを見てこれは無理だと感じたからです。攻撃的に来られると、僕は何というか『投げやりな』気分になってしまい、何も反論せずただ自分の主張を引き下げてしまうことが多いです」

「それがパッシブです。『受け身』という意味ですね。この人とはもう仕事ができない、と部屋を出ていってしまった川田さんもある意味でアグレッシブなのですが、二人に対する内藤さんのコミュニケーションスタイルは、確かにいずれも一貫して『パッシブ』でした」

「アグレッシブが問題なのはわかるのですが、パッシブは何が問題なのでしょうか？　アグレッシブなコミュニケーションに対して同じくアグレッシブで返してしまうと、それこそ塚本さんと川田さんが物別れしてしまったように、収拾がつかない子供の喧嘩さながらになってしまいませんか？」

「かといってパッシブで対応しても、問題は何も解決しませんよ。相手は自国の領土が欲しい。自分たちは自国の領土を守りたい。そうして戦争が起きている時に、ただ黙って領土を明け渡すことは何の解決にもならないでしょう」

とにかく自分のやり方を貫きたい、という塚本さん。そんな塚本さんとは一切関わりたくない、という川田さん。その両者に対して、僕はチームのパフォーマンスという自分の領土を、黙ってパッシブに受け渡してしまっていたわけか。

「なるほど。では、最後の『パッシブ・アグレッシブ』というのは何なのですか?」

「本質的にはアグレッシブなのですが、表立ってはパッシブに見えるコミュニケーションスタイルです。権力者に告げ口をしたり、よからぬ印象を吹き込んだりすることで、ライバルをおとしめて自分が上に上がろうとする。そういう人が、会社には必ず一人二人はいるものでしょう」

「……いますね。会社だけではなく、学校にもそういう人が何人かいました」

「川を氾濫させて城を水で囲う『水攻め』や、食料の補給路を断つ『兵糧攻め』も、刀や鉄砲こそ使いませんが紛れもない軍事侵攻ですよね。表立ってはおとなしくしていても、結局はそうして相手の領土に攻め入ろうとしているのであれば、結局最後は内藤さんが言う子供の喧嘩状態になってしまう。それがパッシブ・アグレッシブの行き着く先です」

◎アグレッシブとパッシブ・アグレッシブは攻撃的、パッシブは完全な受け身
◎マネジャーのコミュニケーションは「アサーティブ」であるべき

感情的に伝える≠感情について伝える

「そこで『アサーティブ』の登場、となるわけです。日本の人がアサーティブなコミュニケーションを実践するには、そう心がけるよりも、その他の3つのスタイルを避ける、という意識を持つ方がやりやすいと思います。なぜなら、ぴったりと当てはまる日本語がないぶん、『アサーティブ』という考え方は日本人には少しつかみづらいはずだからです」

フルさんはそう言いながら、4つの単語を大きな丸で囲い、アグレッシブ、パッシブ、パッシブ・アグレッシブそれぞれの領地をかたどったうえで、アサーティブを「空き地」

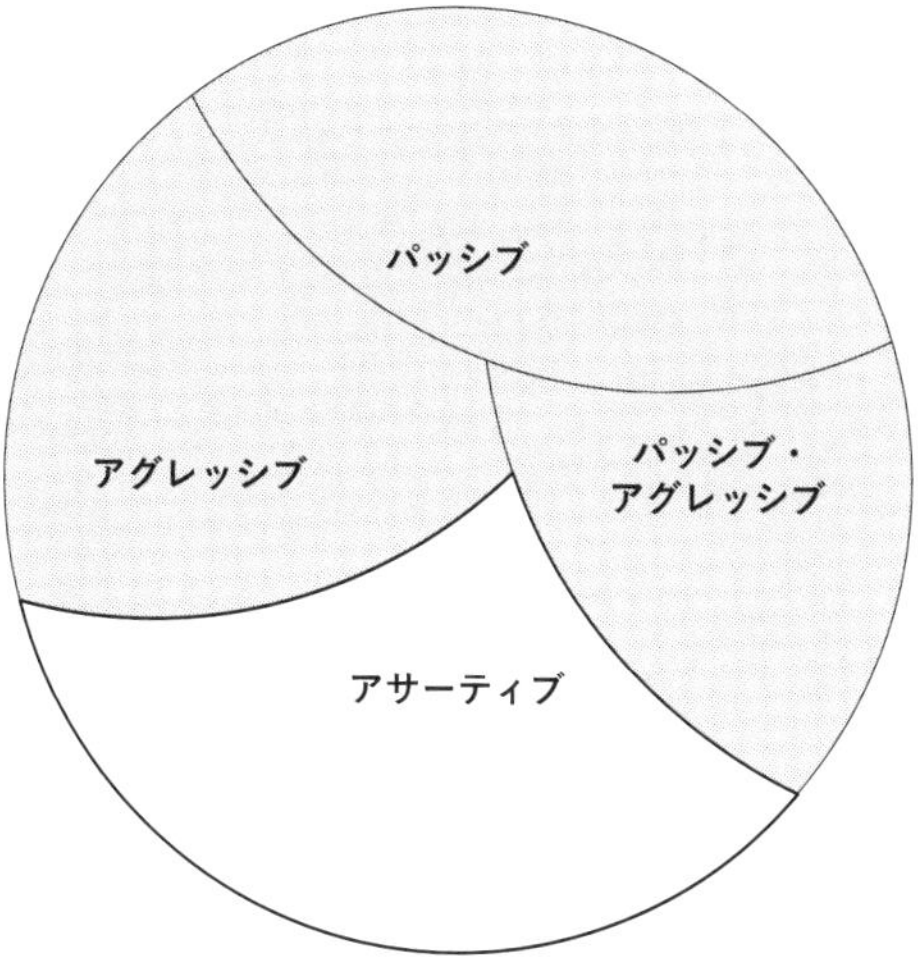

にした。

「まずはパッシブにならないことを意識しましょう。守るべき領土はしっかり守る、と自分に言い聞かせるのです。そのためにはまず、その守るべき領土がどこからどこまでなのか、をはっきりさせなくてはいけません。そのことに対する自分の考えや気持ちを、思考の矢印を相手から自分自身に切り替えて、改めて冷静に整理してみるのです」

「そう言われてよく考えてみれば、僕もプロダクトや事業戦略に関しては、何を言われても譲らない頑固なタイプかもしれません。趣味だったり関心事だったり、自分の考え=領土が明確になっていることに関しては、人は特に意識しなくても、その領土を簡単には開け渡そうとしないものなのかもしれない、と思いました」

そう言うと、フルさんは僕の目をじっと見て頷いた。

「そのうえで、そうしてはっきりした自分の考えや気持ちを、包み隠さず正直に、かつ感情を抑えて冷静に相手に伝えます。ストレートに伝えることでパッシブ・アグレッシブであることを避け、冷静に伝えることでアグレッシブであることを避けるイメージです」

「先ほどの塚本さんに関しては、理由はどうあれ無視するというのは仲間への敬意を欠く行為だと思いますし、会社の利益を図ったリクエストを放置するというのは役員にあるまじき態度だと思います。なるほど、こうして改めて自分の考えを整理してみると、確かにパッシブになどなっていてはダメだ、という気持ちが強くなってきました」

「今みたいに少し時間を置いてから、頭をクールダウンして考えてみれば、自分の考えは割と整理しやすいものです。ただ、アグレッシブにまくし立てる相手を前にすると、その場で冷静に考えをまとめる、などというのは無理な相談だったりもします。そんなケースでは、アサーティブに伝えるのは、『考え』ではなく『感情』でも構いません」

「……感情はダメ、という話ではなかったでしょうか？」

「『感情的に伝える』のはダメだと言いましたが、『感情について伝える』のがダメだとは言っていません。尊敬する二人が大人気なく言い争うのを見て、正直とても残念な気持ちになりました……そう内藤さんに言われて、二人はそれぞれどういう反応をすると思いますか？　そこで、それはおかしい！そんなはずはない！と反論する人はいるでしょうか」

以前、コールセンターのクレーム対応を特集したビジネス記事で、「そういうふうに怒鳴られると怖いです」などと感情を淡々と伝えることで、クレーマーがトーンダウンすることが多いと読んだことがある。あれはまさに「アサーティブなコミュニケーション」だったわけか。

「内藤さんの頭のなかにある考えや感情を、二人はどんなロジックやデータをこねくり回しても否定することはできません。何せ、それは内藤さんの頭のなかの話なのですから。そんな事実に気づき、それを受け入れた瞬間から、相手の思考の矢印は内藤さんから相手自身に向かうようになり、そこからは内省が始まります」

「なるほど。そうして内省をうながしさえできれば、特に川田さんや塚本さんのような賢い人であれば、後は自分で間違いに気づき、行動や態度を改めてくれる可能性が高い、ということですね」

「人間は社会的な動物なので、相手の態度を無意識にミラーリングしようとします。アグレッシブな売り言葉にはアグレッシブな買い言葉が返されるように、内省して整理した自分の頭のなかを見せることで、相手にも同じように内省をうながすことができる、というわけです」

◎まず、守るべき領域をはっきりさせる。つまり自分の考えや気持ちを整理する
◎そうして明確になった考えや気持ちを、包み隠さず正直に、かつ感情を抑えて冷静に相手に伝える

フィードバックの3原則

「そもそも塚本さんに関しては、部下を守るという意識からなのだと思いますが、他の部署の誰に対しても喋り方や態度が少し威圧的で、みんなどこかで怖がっているところがあります。それも今度、アサーティブに伝えてみようと思いました」

僕がそう言うと、フルさんは目をつぶり、ゆっくりと2回首を振った。

「それはファクト（事実）ではないですよね」

そう僕に問いかけながらホワイトボードに向かい、ファクト、タイミング、リスペクトという3つの単語をそこに書き記した。

「これらは、マネジャーが部下にネガティブなフィードバックをする時に、常に心に留めておくべき3つのポイントです。最初の『ファクト』とは、フィードバックは常に事実＝ファクトにフォーカスしていなければならない、ということです。これは裏を返すと、相手の人格にフォーカスしてはならない、ということでもあります」

「塚本さんがみんなから怖がられている、というのは、実際にそうなので、事実と言えなくはないでしょうか？」

「みんな、と言うからには、他の役員全員から、塚本さんが怖いのでどうにかして欲しい、などという相談を受けたのですか？　そうだとすれば、その事実を伝えればいいでしょう。いつ・どこで、が特定できる具体的な言葉や行動を、自分自身が威圧的で怖いと感じたのであれば、みんなではなく自分を主語にしてそれを伝えればいい」

「なるほど。みんなが怖がっている、みたいな言い方は、一見事実を話題にしているようでいて、実は思い込みを広げた作り話であるに過ぎない、ということですね。……ただ、だからといって、それが塚本さんの人格を問題にしている、とまでは言えなくはないでしょうか？」

「人格というのは、その人が習慣的に繰り返している言動のパターンです。みんながあなたを◯◯だと思っているなどと言われると、聞き手はそれが自分の習慣として相手に受け取られているように感じるでしょう。逆に、あなたはしっかりと期日を守る人だなどと褒められた時、特定の行動ではなく人格が賞賛されていると感じるように」

内藤さんの言葉にはいつも棘がある。みんながそう言っている。

組織崩壊の前夜に、営業担当だった共同創業者にそう言われ、僕は自分でも驚くほど頭が真っ白になったことを思い出した。

今思えば、あれは人格を否定された、と感じたことによるショックだったのかもしれない。

フルさんがホワイトボードをタップする音で、僕は約2年前へのタイムスリップから現在に引き戻された。

「次のポイントはタイミングを守って、ということです。指摘をするべき事実から時間が経っていれば経っているほど、話題にされているのが自分の人格だと相手にとらえられやすくなってしまいます。相手からしてみると、指摘する人がそれをずっと引きずっていたという嫌な感じが、あなたはいつもそうだ、と言われている感覚に近いからです」

「そう考えていたのならもっと早く言ってくれよ、と思いますよね。その間ずっと相手の問題意識に気づかずにいた自分が恥ずかしいですし、それをある意味隠して普通に振る舞っていた相手を少し信じられなくもなりそうです」

「そもそも、指摘する方もされる方も、時間が経つにつれて何があったか、の細かいところは忘れてしまいますよね。そうなると事実の認識に食い違いも出てくるでしょう。記憶は自分に都合よく変えられたりもするものなので、いやそんなことは言っていない、と持ち出した事実自体を否定されてしまうことも少なくありません」

「タイミングを守って、というのは、どのくらいまでを言うのでしょうか？　今日の経営会議の言動についてフィードバックするのに、明日まで待っていては遅いものなのですかね？」

「その日のうちが理想的ですが、翌日、翌々日くらいまでなら許容範囲でしょう。人にもよりますが、失敗や後悔は、数日くらいはどこか心に引っかかっているものです。自省をうながすなら、その間が鉄の熱いうち、ということになるでしょう」

早速明日、塚本さん・川田さんそれぞれとミーティングを設定して、僕の考えをアサーティブに伝えなくてはならない。一度そう考えると気持ちがはやり、今この場でスマホを取り出して、スケジュールを押さえてしまいたいくらいだった。

「最後はリスペクトです。これは文字通り、相手へのリスペクトを忘れずに、ということですね。上司と部下は指示をする側とされる側ですが、だからといって相互のリスペクトがあってはならない、ということはもちろんありません。むしろプロとして、人として、お互いを尊敬し合うのが理想的な上司と部下の関係というものでしょう」

「実際に、塚本さんのことも川田さんのことも、僕はとてもリスペクトしています。社会人としてのキャリアは二人の方が断然上ですし、二人ともそれぞれの分野の第一人者なので、ゼネラリストの僕にはないものを沢山持っています」

「相手がリスペクトしている人なのであれば、自分の言動で恥をかかせてはいけない、と考えるのが自然ですよね。例えばズボンのチャックが開いていたりしたら、晒し者にならないようこっそりと注意するはずです。みんなが見ている前で怒る、みたいな相手の尊厳を傷つける行為は、相手へのリスペクトがあれば本来できないはずなのです」

「逆に相手がこちらのリスペクトを感じてくれていれば、むしろ注意したことに感謝してもらえるわけですよね。仮にこちらが注意していなかったら、チャックが開いたまま外を出歩くことになって、それこそ恥をかいていたはずなので」

「人格を否定されたり、自分の尊厳が傷つけられたと感じたりすると、相手は何事も冷静に考えることができなくなってしまいます。そうなると、ただでさえ難しい自省などできるはずもありませんよね。ですから、自省をうながすネガティブなフィードバックをする時は、これらを徹底的に取り除かないといけないわけです」

◎ネガティブなフィードバックをする時は、事実にフォーカスし（ファクト）、感覚を空けず（タイミング）、相手への尊敬を忘れない（リスペクト）

コーチングとティーチングを使い分ける

「一つだけ気になることがあります。人格はその人の習慣となっている言動のパターン、だとおっしゃいましたが、そんな自分の根っこの部分を変えてもらわないといけない、という場面も時にはあったりしないですかね？　例えば、いつも棘のある言い方をするマネジャーが、それで部下を縮こまらせてしまっているケースとか」

「いいポイントですね。そういうケースでは、まずは事実に基づいたフィードバックを粘り強く繰り返して内省をうながします。しかし、それを繰り返した結果最終的に根っこの部分が変わるかどうかは、感覚としてはフィフティー・フィフティーで、長年の間に染みついた悪い癖はなかなか抜けない、というのが人間のサガだったりするのは確かです」

「そういう、事実を指摘し続けても根っこに問題が残るケースに限っては、根っこの人格にフォーカスして、そこを変えるよう指摘してもいいものなのでしょうか？」

「良いか悪いかは置いておいて、いずれにせよ効果はないでしょうね。他人が指摘しただけで人格が変わるなら、この世界は人格者だらけになっているはずですから。一方、マネジャーができる働きかけは、決してないわけではありません。トレーニングのアプローチを、ティーチングからコーチングに切り替えることがその一つです」

「ティーチングとコーチングの違いは先週教わりましたよね。レベルの高い人から低い人に、知識やスキルを滝が流れるように伝えていくのがティーチング。コーチがコーチーを、対等な立場から、質問や問いかけを通じて気づきに導くアプローチがコーチング」

「人からプロ野球選手になれと言われて渋々練習を始めた人が、その後の辛くて長い試練の道を乗り越えられる可能性はほぼゼロでしょう。自分を変えるための試練の道も一緒です。それを乗り越えるためには、まず自分自身でそう思い立ってもらうのが最低条件なのです。コーチングは、マネジャーがそれを手助けすることができる手段の一つです」

「僕の部下は全員年上で、社会人経験もマネジメント経験も僕よりずっと豊富です。そんな人たちを相手に、自分を変える決意に導く、なんて仙人みたいなことが僕にできるとは、正直とても思えないのですが……」

「コーチとメンターを勘違いしていませんか？　自分の豊富な経験を基に、メンティーの相談にアドバイスをするメンターとは違い、コーチはコーチーより経験が豊富である必要はありません。世界一のコーチといわれるマリアン・ヴァイダ氏は、実力や実績では自分を遥かに上回るノヴァク・ジョコヴィッチ選手を長年コーチしていましたよ」

「先輩のプライム上場社長がコーチングを受けていると聞いたことがありますが、確かにコーチは上場社長どころか経営者ですらないと言っていました。ただ、コーチがつくのは、そんな感じで大企業の経営者だったりアスリートだったりするイメージがあるのですが、僕たちのような普通の人がコーチングを受ける、などということもありえるのでしょうか？」

「私は現役のマネジャー時代、部下のトレーニングにコーチングのアプローチを活用していましたよ。そのためにプロのコーチを雇うのは難しいですが、プロのバリスタを雇えないからといって、オフィスで美味しいエスプレッソが入れられないわけではありません」

「でも、ラウンジのエスプレッソマシンみたいに、ボタン一つでコーチングができるメソッド、なんてあるわけないですよね……」


僕がそう言うと、フルさんは肯定とも否定ともとれるおどけた笑顔を見せ、ホワイトボードに何かを書き始めた。僕は慌ててリーガルパッドにこれまでのポイントをメモした。

◎事実を指摘し続けても根っこに問題が残るケースでは、コーチングのアプローチで自分を変える決意に導く
◎自分の豊富な経験を基に、メンティーの相談にアドバイスをするメンターと違い、コーチはコーチーより経験が豊富である必要はない

ゴール、現状、ギャップを埋める選択肢、この先の行動計画

「コーチングにおいて、最も基本的な質問はここに書いた4つです。ゴールは何か(Goal)。それに対しての現状(Reality)。ゴールと現状のギャップを埋める選択肢は何か(Options)。そして、この先の行動計画(Way-forward)。それぞれの頭文字をとってG《グ》R《ロ》O《ウ》Wと覚えてください」

「……最初の『ゴール』がいきなりイメージできていないかもしれません。例えば塚本さ

Goal：ゴールは何か

Reality：それに対しての現状

Options：ゴールと現状のギャップを埋める選択肢は何か

Way-forward：この先の行動計画

んに、その人を寄せつけない雰囲気を変えてもらいたい、という目的でコーチングをしようとする場合、ゴールはどう設定すればいいのでしょうか？」

「コーチングにおいては、ゴールを設定するのはコーチではありません。そこからしてコーチーに考えてもらう必要があるのです」

「コーチングは質問を通じて相手を気づきに導くトレーニング手段、だと思うのですが、そのそもそものゴールを考えてもらうのに、一旦どんな質問で会話を切り出したらいいのか想像がつきません……」

「いろいろなケースで使えるおすすめ

のアプローチは、まず自己採点から始めてもらうことです。例えばプレゼンスキルの向上をコーチングのアプローチでガイドするなら、コーチーのプレゼン直後にミーティングを設定して、今のプレゼンは自分で採点すると何点でしたか？などと聞いてみるイメージです」

「塚本さんのケースだと、うちの会社のシステム開発担当役員として、塚本さんは１００点満点中何点だと自分を評価していますか？などと尋ねる感じですかね」

「それで例えば70点です、などという答えが返ってきたとしたら、足りない30点は何なのですか？それを埋めるためにはどうすればいいと思いますか？などと質問を投げかけていきます。すると、ゴール＝１００点満点、リアリティ＝70点、オプション＝残りの30点をどう埋めるか？といった具合に、ＧＲＯＷの『Ｇ』と『Ｒ』と『Ｏ』までが一気にカバーできてしまいます」

「最初の質問に『１００点です』などと答えられてしまったら、その後はどうすればいいのでしょうか？」

「そういう答えは、明らかに対話を拒んだり妨害したりしようとしているので、その場合コーチングは一旦諦めて、まずはリレート＝関係づくりから改善していく必要があります」

「足りないのが30点だったとして、それは何なのかを考えてもらった時、そこに僕の考える塚本さんの課題が入っていなかった場合はどうすればいいのでしょうか？　そこでしっかり課題認識がされていなければ、その後のオプションも行動計画も考えようがないので、結局は僕が問題視している人格を変えてもらうことができない気がします」

「そこは変に誘導しようとせず、相手の自己評価を尊重するしかありません。コーチングはお世辞にも万能とは言えない、不確実で非効率なところもあるトレーニング手段です。そんな不確実性と非効率を嫌うからこそ、企業の研修というのはえてしてティーチング型が中心になるわけです」

「そうしたデメリットを理解したうえでコーチングを選んだ以上は、気長に粘り強く向き合っていく他ない、ということですね。コーチングを検討するのであれば、相手にそれだけの時間を投資する価値があるのかどうかを、事前にしっかりと見極める必要がある。シビアな話をすると、そういうことでもあるのかなと思いました」

フルさんは無言で深く頷く。

「たとえ塚本さんが内藤さんの考える課題を、自分の足りない点として挙げてこなかったとしても、そのことについてどう考えているのかというヒントは、対話を通じて手に入るものです。全く自己認識できていないのか。できていても向き合う覚悟がないのか。そこで全く希望が見えないようであれば、そもそも改善を諦めるというのも一つの判断です」
「そこは変わらないものとして、そのうえで塚本さんの弱点をカバーする仕組みを考えたり、逆によさが活きる配置や業務の割り当てを工夫したりする、ということですね。怖がられているということの実害は、コミュニケーションの抜け漏れが発生することなので、例えばそれをカバーできるように役員同士の1オン1をルール化するとか」

僕がそう言うと、フルさんはしきりに頷きながら音を立てずに拍手をした。

「割り当てられたリソースで、なるべく沢山のハンバーガーをつくるのがマネジャーの仕事、でしたよね。どうにも改善しようのないキッチンの使い勝手にいくら文句を言っても、今日・明日の生産性は一つも上がりません。そこはそれを前提ととらえ、そのうえでできる限り生産性を高める方法を考えるのが、優れたマネジャーに共通する考え方です」

「キッチン設備とは違って、人とはコミュニケーションができるので、改善しようの有り無しはより正しく判断がつきそうですね。ただ、その点塚本さんはかなり口数が少ないので、考え込んだり沈黙してしまったりして話が前に進まないのではないか、という恐怖心が少しあります」

「コーチは沈黙に耐えなければなりません。それでもどうしても答えが出てこない場合は、『Thinking out loudしてください』とうながすといいですよ。直訳すると『大声で考える』となりますが、要は喋りながら考える、まとまっていない考えでもダラダラと喋ってもらう、ということです」

「そうして考えながらでも喋ってもらえば、頭のなかを声として具体化してもらえるので、マネジャーはそこからヒントを探りやすくなる、みたいなことなのでしょうか」

「そんな頭のなかの具体化は、コーチにコーチーの胸の内を垣間見せてくれるだけではなく、何よりコーチー自身を気づきに導いてくれます。GROWを考えていくうえでの一番のハードルは、コーチーが自分の頭のなかをうまく整理できないことなのですが、結局コーチの仕事とは、あの手この手でそれを手助けしてあげることに尽きると言えます」

「壁打ち相手になってあげる、ということですかね」

「まさにその通りで、コーチとはプロの壁打ち相手、と言い換えることもできます。相手が話したことをオウム返ししたり、パラフレーズ（言い換え）したりする。話していて楽しそうに見えます、などと伝えることで相手の心を映す鏡になってあげる。こうしたテクニックを使って、コーチーの頭の整理を手助けするプロ。それがコーチなのです」

「うまくできるかどうかはわかりませんが、今いただいたガイドがあれば何となくやってみることはできそうです。早速次の1オン1で、塚本さんと川田さん相手にそれぞれトライしてみます」

「GROWの最後のWはWay-forward、つまりこの先の行動計画です。ミーティングの最後には、今内藤さんが話してくれたように、コーチーがこの先具体的に何をするのか？を必ず自ら明確にしてもらうようにしましょう。そして、コーチはそのアクションを必ずメモしておきます」

フルさんはそう言うと、コーチングにトライしてみる、という先ほどの僕のアクションをホワイトボードに書き入れ、それをiPhoneで写真に収めた。

小さな部屋に響くシャッター音は、今日の学びとアクションを僕の脳裏に焼きつける合図のようだった。

◎ゴールは何か（Goal）。それに対する現状（Reality）。ゴールと現状のギャップを埋める選択肢には何があるか（Options）。この先の行動計画（Way-foward）。コーチングではGROW《グロウ》を一つひとつ確認していく

◎100点満点で自己採点してもらう→足りない点数は何で、それを補うにはどうしたらいいか？を聞くことで、ゴール・現状・ギャップ・それを埋める選択肢についての質問を一気にカバーできる

◎コーチーから答えが出てこない場合は、Thinking out loudしてください、とうながしてみる。まとまっていない考えでも、ダラダラと喋りながら考えてもらう

［キャリブレートのアクションシート］

	アサーティブにフィードバックする	コーチングする
目標設定		
評価		
1オン1	事実をタイムリーに、尊敬を込めて指摘する（189頁）	
チームミーティングオフサイトミーティング		
組織変更・異動・採用		
研修		コーチングセッションで自分を変えよう、という決意に導く（196頁）

「キャリブレート」のアクションプラン

［x月x日　塚本さん1オン1］

- 事実（経営会議での川田さんとの一件）に基づき、自分の考えと気持ちをアサーティブに、リスペクトを忘れずに伝える
- 周囲に気を使わせるような態度について、内省に導くためのコーチングをする（株式会社TEAMのCTOとしての自分を自己採点してもらう）

［x月x日　川田さん1オン1］

- 事実（経営会議での塚本さんとの一件）に基づき、自分の考えと気持ちをアサーティブに、リスペクトを忘れずに伝える

理解を深めるためのワークショップ

❶ 部下が自分に向けて声を荒らげた、というシーンを想像し、そのことについて自分の考えや気持ちをまとめてみましょう。

❷ ❶で整理した考えや気持ちを、鏡を見ながら自分自身に、冷静に淡々と伝えてみましょう。

❸ 部下が抱える、実際の問題がある行動について、フィードバックの台本を書いてみましょう。
ファクト、タイミング、リスペクトの3つの要素を踏まえて、内容、シチュエーション、言い回しをそれぞれ吟味してみましょう。

❹ プレゼンスキルの改善をテーマに、部下一人を相手にコーチングを試してみましょう。
まずは自分のプレゼンを自己採点してもらい、点数が足りない理由は何と何で、それらを補うにはどうしたらいいか？を考えてもらいましょう。

第6章

モチベート：

「上司も部下も会社の機能」と割り切るのではなく「人としての強さ・弱さ」を意識する

Chapter 6

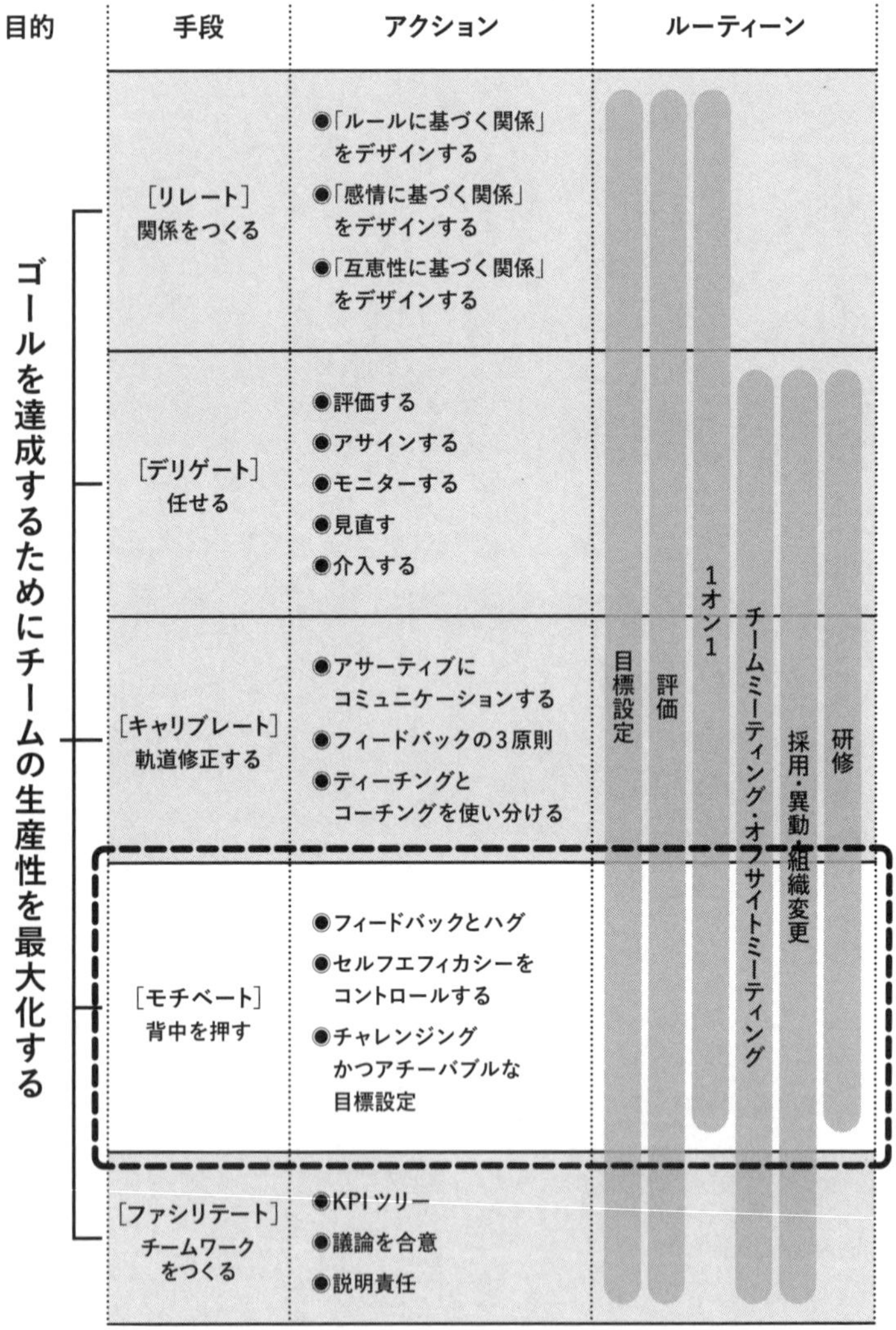
目的
手段
アクション
ルーティーン
ゴールを達成するためにチームの生産性を最大化する
［リレート］
関係をつくる
●「ルールに基づく関係」をデザインする
●「感情に基づく関係」をデザインする
●「互恵性に基づく関係」をデザインする
［デリゲート］
任せる
●評価する
●アサインする
●モニターする
●見直す
●介入する
［キャリブレート］
軌道修正する
●アサーティブにコミュニケーションする
●フィードバックの3原則
●ティーチングとコーチングを使い分ける
［モチベート］
背中を押す
●フィードバックとハグ
●セルフエフィカシーをコントロールする
●チャレンジングかつアチーバブルな目標設定
［ファシリテート］
チームワークをつくる
●KPIツリー
●議論を合意
●説明責任
目標設定
評価
1オン1
チームミーティング・オフサイトミーティング
採用・異動・組織変更
研修

「最近様子がおかしい」メンバーをどうケアするか？

ファイナンス担当役員の花岡さんは経営チームの最年長だ。

フルさんの古巣、ユニバースのライバルに当たる外資系消費財企業でCFO（チーフ・ファイナンシャル・オフィサー）直下のコントローラーまで上り詰めた後、40代でGAFAの一角に転職し日本担当のコントローラーを務めた。

ちなみにコントローラーとは、日本で言う経営企画部長のようなポジションだと、花岡さんを紹介してくれたヘッドハンターから教えてもらった。

花岡さんにとって不幸だったのは、その直後にコロナ禍が訪れたことだった。

先行き不透明な経済環境を嫌って、当時アメリカのIT企業は我先にとレイオフを始めていた。まだ入社後間もなかったにもかかわらず、花岡さんはそのあおりを受け、ある日突然に会社を追われたのだった。

僕たちが面接をしたのはその半年以上後のことで、その時花岡さんは「ガーデンリーブ」という形で前職に籍を残していた。

これは転職活動を進めやすくするための温情のようなもので、実際のところ私はすでに同社をお払い箱になっています。そうはにかみながら正直に語る花岡さんの顔を見た次の瞬間には、僕はすでにこの人を採用する、と決めていた。

この半年間は転職活動をされていたのですか？　そう尋ねると、驚くことにこれが初めての面接です、と言う。あれやこれやで精神的に参ってしまい、しばらくの間茫然自失としてしまっていたそうだ。

本当に辛かったのは、レイオフ自体ではなく、自分が間違った判断をした、という自責の念だったらしい。

新卒から20年以上務め、自分のみならず、家族の人生の一部のようにもなっていた前職。そんな住み慣れた家を捨て、宇宙ステーションのような未知の世界に飛び込んでしまった自分の選択は、果たして正しかったのか。

そう自問自答していた転職直後に、突然舞い込んできたレイオフの通知は、燃えたぎるコテで心に押しつけられた「不正解」の焼印のようだったと言う。

とにかく誠実な人だ。僕はそう思った。この経歴にこの人柄なら、今後ベンチャー・大手を問わず、行く先々でオファーを受けるに違いない。ヘッドハンターもそれは間違いない、と背中を押すので、気になるところはいくつか残っていたが、僕は満額回答で速攻のオファーを出すことにした。

多少予算オーバーだったものの、ファイナンスに加えコーポレート部門全体を合わせて見てもらうことで、自分のなかでその埋め合わせをすることにした。

入社後の花岡さんは、期待を裏切らない安定した働きぶりを見せてくれていた。

自分より一回りも二回りも若い人に囲まれて仕事をすることになったわけだが、花岡さんは入社直後から驚くほど自然にチームに溶け込んでいた。

お払い箱になったIT企業では、周りは若いだけではなく、フランス人やポルトガル人やグアテマラ人でしたから。そう言ってはにかむ花岡さんを見て、僕は本当にいい買い物をした、と自分の採用力に自信を深めた。

塚本さんが成績でトップを走る優等生だとすると、花岡さんは人柄にも秀でた生徒会長のような存在だった。

塚本さんや川田さんのように人間関係で手を焼くことはないし、本間さんのように頭にクエスチョンマークが浮かぶ瞬間もない。

そんな花岡さんは、まだ腹を割って話せる仲というわけではなかったが、僕にとっては荒《すさ》んだ心をふと落ち着かせてくれるコーヒーのような存在でもあった。

そんなわけで、花岡さんとは、僕としてはできることならもっと距離を縮めたいと考えていた。

しかし、花岡さんをサシ飲みに誘うのは少し抵抗があった。新卒からのキャリアがずっと外資、ということもあり、ドライな人間関係を好むのだろう、という印象をどこかで持っていたのだ。塚本さんほどではないにせよ、仕事は仕事、という割り切った関係を職場では求めているのだろうな、と。

ランチに誘うのも何となく気が引けた。毎日ではなかったがお弁当を持参していることがよくあり、食事に気をつけているのか、食費を気にしているのか、そこには何かしらの事情がある気がしたのだ。

花岡さん含むファイナンスチームとは、VCの現場担当も入れた定例ミーティングを週一で実施していた。

人事・総務は元々二人のメンバーがいるだけだったが、彼らとも定例会を実施しており、そこに担当役員となった花岡さんも加わってもらっていた。つまり、花岡さんとは週に2回定例で顔を合わせる機会があったわけだ。

業務関係の情報交換はそこで十分にできていたので、さらに追加で時間を押さえるのもうとましがられるかなと思い、花岡さんとは経営陣では唯一1オン1を設定していなかった。

花岡さんの様子が少しおかしい。

ランチの時にそう教えてくれたのは川田さんだった。思い詰めたような顔をしていることが多く、前職についての自虐的なジョークも最近は言わなくなった、と。

前職についての話をしなくなったのは、転職して時間も経ち、うちの会社に馴染んできた証拠なのかなとも考えた。しかし、そう言われてみると、僕にとっては花岡さんのトレードマークとも言える、あのはにかみ顔を確かにしばらくの間見ていない。

川田さんは、休職には至らなかったものの過去に一度メンタルを壊しかけているらしく、今の花岡さんはその時の自分とよく似ていると言う。

いい睡眠が取れなくなるのが一番の危険信号だということで、最近寝不足ではないですか？と花岡さんに確認してくれたそうなのだが、確かに最近よく眠れていません、という返事が返ってきたとのことだった。

これは何とかしなくてはいけない……。

フィードバックとハグを使い分ける

「フィードバックを3つと、ハグを3つ。花岡さんに対して直近の3カ月でしてあげたものを、それぞれ教えてもらえますか？」

「ハグ？　ハグとはどういうことですか？」

「フィードバックは軌道修正。メンバーが間違った方向に進みそうになった時に、マネジャーがそれを正してあげること、でしたよね。ハグはそれの正反対で、メンバーが正しい道を進んでいる時に、それをエンカレッジしてあげることです」

「『エンカレッジ』とは勇気づけるということですよね。つまりは褒めたこと、ですかね」

「この後紹介していきますが、エンカレッジにはいろいろな手段があります。褒める、もその一つですが、褒める一つとっても、そこにはさまざまなアプローチがありますよ。人前で褒める、個別に褒める、他の人にその人への褒め言葉を伝えて、それが間接的に伝わるようにする、などなど」

そう言われていくら考えてみても、僕は花岡さんに対してしてあげた「ハグ」を思い出すことができなかった。

フィードバックもしていなかったが、それはそもそも花岡さん自身が、滅多に軌道から外れたりはしない人だったからなのだと思う。

他のメンバー、特に塚本さんや川田さんには、労を労ったり感謝を伝えたり褒めたりすることがあるにはあった。しかし、そこに正しい道を行く塚本さんや川田さんを勇気づける、という意図は正直あまりなく、ただの「ガス抜き」としてやっていた、というのが実際のところだ。

僕はメンバーの軌道修正がしっかりできていなかった。

しかしそればかりでなく、正しい道を行くメンバーを勇気づけることも、同じようにできていなかったということか。それではやがてチームはバラバラになって、それぞれが道に迷ってしまうではないか……。

「メンバーには、時に軌道修正と同じくらい勇気づけが必要です。それは、プロジェクトの成功やメンバーの成長につながる正しい道には、しばしば厄介な障害物があるからです。誰かの勇気づけがなければ、メンバーは石につまずいて転んだり、岩を乗り越えるのを諦めたりしてしまうかもしれません」

「すみません……。僕はフィードバックとハグ、多分どちらもできていなかったです。それも、花岡さんだけではなく、全員に対して」

フルさんはエスプレッソを一気に飲み干すと、一度上目遣いで僕を見やり、いつもの職業的な微笑みを見せた。

「それと、先ほど『いい買い物をした』と言いましたよね」

「……はい」

「経営者は株式市場からお金を調達するように、あるいは卸売市場から原料や材料を仕入れるように、新卒市場や転職市場から労働力を集めてくる。それは事実です。しかし、労働力には、お金や原材料とは決定的に違うところがあります。労働力を提供するのは人間で、人間には心がある、ということです」

「確かに、『買い物』というのはあまりよくない表現でした……」

「経営者にはどうしても、そうやって人をモノと同列に見るような力が働きます。株主の前では、ヒトもモノもカネも、全部数字で横並びになりますから」

「その方がいいと言う人もいますよね。時に非情な決断もしなくてはならない経営者は、共感力が人より弱いぐらいの方がいい、と。フルさんはそうは思わない、ということでしょうか?」

「実際問題として、人はモノと同じではないですよね。例えば、コピー機は勇気づけなど一切しなくてもコピーを続けてくれますし、それが原因で壊れたりもしません。でも人は違います。私はこれまでいろいろな経営者と仕事をしてきましたが、後に名経営者と呼ばれるようになった人は、全員がそれをよく理解した情のある人でしたよ」

「そうでないと、結局はメンバーがついてこないのかもしれませんね。情に厚い人が、溢れる情を持ちながらも、時に情を押し殺した判断をする。そこに名経営者の凄みがある、ということなのかなと思いました」

◎フィードバックは軌道修正。メンバーが間違った道に進みそうになった時に、マネジャーがそれを正してあげること

◎ハグはそれの正反対で、メンバーが正しい道を進んでいる時に、それをエンカレッジして(勇気づけて)あげること

セルフエフィカシー（自己効力感）を意識する

「共感力が弱い人は、シビアな決断を求められた時に情に流されない、という点では確かに有利ですが、逆に人情の機微が人やチームのパフォーマンスを左右する場面では圧倒的に不利です。そういう人が巨大組織を率いるには、そこを補うことができるナンバー2の力を借りる必要があるでしょうね」

「人情の機微……フルさんの口から、そんな昭和の日本を思わせる言葉が出てくるとは少し意外でした」

「これは決して精神論ではないですよ」

フルさんは僕の心の底を見透かしたようにそう言った。

「例えば『セルフ・エフィカシー』は、表情には表れづらい心の機微と言えますが、正しい勇気づけで上向かせることができれば、個人やチームのパフォーマンスを大きく改善することができます」

「セルフ・エフィカシー。確か『自分ならできるという自信』でしたよね。『スラムダンク』というバスケ漫画に、『俺たちは強い』とキャプテンがメンバーを勇気づける名シーンがあります。それでチームのパフォーマンスが上がる、という設定は、実はとても理にかなっていたのですね」

「『スラムダンク』は私も大好きですよ。日本語、特に漢字は、大体娘から拝借した漫画で覚えました」

フルさんの日本語ボキャブラリーにはいつも驚かされるが、特にホワイトボードに日本語を書く時、僕よりしっかりと漢字を覚えているのは凄いと思っていた。その秘密がまさか漫画にあったとは。

「僕は投資家向けのピッチ（売り込みのプレゼン）でかなり結果を出している方だと思うのですが、確かにそれに関しては、自分はできる！という感覚が強くあります。反対に、マネジメントに関しては自信がほぼゼロなのですが、その結果はご存じの通りで……」

「自信や自己効力感は、時に能力以上にパフォーマンスを左右します。ちなみに自信と自己効力感は、それぞれ密接に関係していますが、正確に言うと別のものです」

「自信と自己効力感は、具体的には何が違うのでしょうか？」

「自己効力感は、特定のタスクや仕事をこなすうえでの自分への信頼です。それに対して自信は、仕事や運動、勉強などに対する、より一般的な自分への信頼だと考えてください。自尊心はそれらの土台となるものですが、同時にそれらに踏み固められて強くなっていく、という相互作用のうえに成り立っています」

「……ちょっと混乱してきたかもしれません。ところで、自尊心は高い方がいいものなのですか？　自尊心が高い＝プライドが高い人は、日本では扱いづらい人と考えられることが多い気がします」

「自尊心＝セルフ・エスティームは、日本語でプライドが高い、という時のプライドとは全くの別物です。自尊心とは本来、文字通り『自』分を『尊』敬する『心』、自分には価値があると考え、自分を大切に思う心持ちです。私が考える自尊心、自信、自己効力感の関係は確かにややこしいので、もう一度図に書いて説明しますね」

フルさんはそう言いながら立ち上がり、ホワイトボードに板書を始めた。

その間僕は、なんとか理解できたところだけ、ここまでのポイントをリーガルパッドにメモした。

> ◎正しい勇気づけは自己効力感（セルフ・エフィカシー）を養い、自己効力感は仕事のパフォーマンスを上向かせる
> ◎自己効力感は、特定のタスクや仕事をこなすうえでの自分への信頼

自己効力感の低下とメンタル不調は関係している

ホワイトボードに几帳面な図を書き上げると、フルさんは一歩下がって全体を俯瞰し、

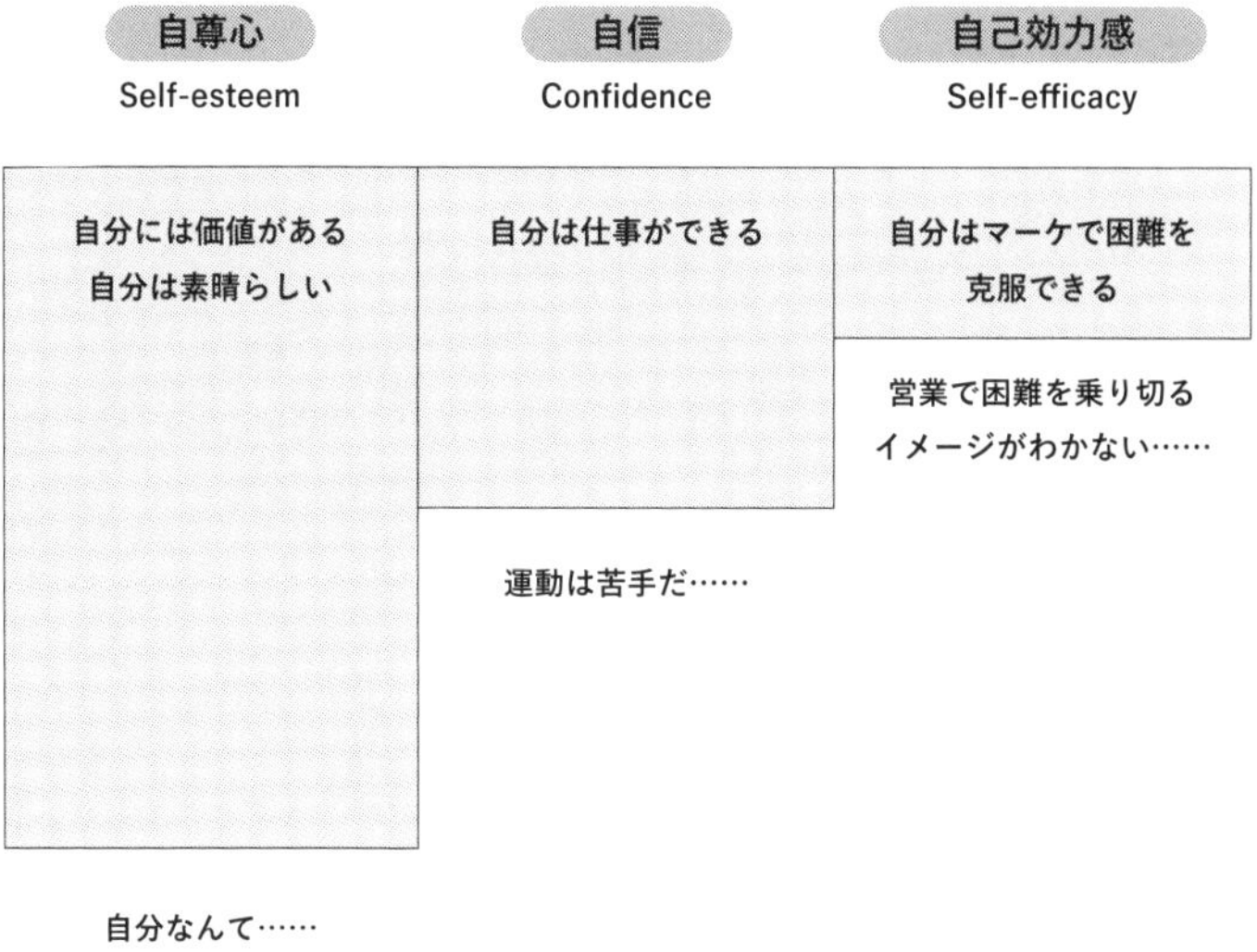

よし、と自分に言い聞かせるように軽く頷いた。

「自分には価値がある、という自尊心が低いと、自分なんて……と何事にも自信を持ちづらくなります。一方いくら自尊心が高い人でも、仕事には自信があるものの運動は苦手だ、みたいな得意不得意はあるでしょう。自己効力感は、具体的なタスクや仕事をこなすうえでの自分への信頼だとお話ししましたが、そんな自信や自尊心を土台としています」

「自尊心は、最近よく聞く自己肯定感と近い意味なのですかね。だとすると基本的にそれは、仕事以前に、その人のキャラクターとして設定されている気がします」

「育った環境の影響などで元々自尊心・自己肯定感が高い人は、自分は○○ができる、という自信を持ちやすいですし、難しい仕事やタスクにも果敢に挑戦する傾向があります。一方、元々は自尊心が低い人でも、何かの仕事がうまくいくとそれが自己効力感、ひいては自信につながり、結果自尊心が高まるというエネルギーの逆流もあります」

「ということは……。逆に元々は自尊心が高い人でも、仕事がうまくいかずに自己効力感が蝕まれると、それが自信の喪失につながり、やがては自尊心までが苛まれてしまう、ということになるのでしょうか」

「パワハラがよくないのは、マネジメント論の観点から言うと、まさにそうして相手の自信や自尊心を大きく下げてしまうからです。そうなると個人のパフォーマンスは下がりますし、最悪メンタルのバランスを崩して長期の離脱を招いてしまいます」

「パワハラを許さない会社や社会というのは、道徳的に正しいというだけではなく、その意味では合理的でもあるわけですね」

「もっとも、自己効力感が下がる原因はパワハラだけではありません。慣れない仕事に取り組んでいる時、年齢的に不安を感じやすくなっている時などは、上司には非がなくても自己効力感が下がりがちです。これらのケースは放っておいても道徳的には問題ありませんが、パフォーマンスに影響するので合理性の観点からはケアが必要です」

そんな話を聞きながら、僕は花岡さんの元気のない顔を思い浮かべていた。

「中年の危機」などと言われる心身が不安的な時期に、2度の転職とレイオフをまで経験し、最終的に流れ着いたうちでは慣れない人事・総務の仕事に挑戦してもらっている。真面目でストイックな性格なので、自分で自分を褒めてあげる、みたいなことも、花岡さんはあまりしないのだろう。

そんな花岡さんの自信や自尊心は、もしかしたら今、危機的な状況にあるのかもしれない……。

「自信や自尊心が傷ついてしまったメンバーがいたら、マネジャーはどのようにその人をケアしていけばいいのでしょうか？」

「医者が薬を出す前に病気の診断をするように、まずはその人の自信や自尊心の状態を確認してあげることが大切です。なかでもマネジャーが特に注目するべきなのは、特定の仕事やタスクにひもづいているため、自分が介入して直接影響を与えることができる自己効力感でしょう」

「部下の自己効力感のレベルというのは、どうすれば確認できるものなのでしょうか？」

「担当してもらっている仕事について、何かサポートできることはないですか？などと聞いてみるのが自然だと思います。できるかどうか不安だ、などとダイレクトには語ってくれなくても、自己効力感が大きく落ちている部下は、何かしらそれを知らせるサインを見せてくれるものです」

「その結果自己効力感のレベルが大きく下がっている、ということが疑われた場合、マネジャーは何をすればいいのでしょうか？」

「ポジティブ・アファァーメーションを使ったり、仕事の手助けをしてあげたり、割り当てを調整してあげたりと手段はさまざまです。もっとも、これは誰がやっても正解を一発で導き出せるようなものではありません。上司が気にかけてくれている、とわかるだけでも部下は救われるところがあるものなので、悩んで何もしないよりはあれこれおせっかいするくらいの方がいい。それが私の経験則です」

「ポジティブ……何とおっしゃいました？」

「アファーメーション。肯定の言葉ですね。称賛、感謝、そして激励の言葉です。あなたのプレゼンは素晴らしかった、などというのが称賛。あなたのプレゼンのおかげで企画が通った、などと言うのが感謝。あなたのプレゼン能力はチーム一なのできっと成功する、などと言うのが激励です」

◎仕事がうまくいかずに自己効力感が蝕まれると、それが自信の喪失につながり、やがては自尊心までが苛まれてしまうことがある
◎マネジャーが注視するべきは、仕事やタスクにひもづいているため直接影響を与えやすい自己効力感
◎称賛・感謝・激励の言葉をかけてあげる、仕事の手伝いをしてあげる、割り当てを調整してあげる、などにより、マネジャーは部下の自己効力感によい影響を与えることができる

目標はチャレンジング、かつアチーバブルに

「ポジティブ・アファーメーションが特に効果的なのは、他人からの評価を自己評価のより所とするタイプの人です。一方で他人がどう言おうと、自分自身が納得しないと自分を認められない、というタイプの人もいて、ポジティブ・アファーメーションはそういう人にはあまり効果がありません」

「僕は後者のタイプに近いと思います。おそらく、花岡さんもそういうタイプなのかな、と」

「そういう人たちを含めて、あらゆる人に処方できる自己効力感アップの特効薬は、担当してもらっている仕事での成功体験です。そして、マネジャーにとってのグッドニュースは、それが目標設定を通じてある程度コントロール可能だ、ということです」

「目標を簡単にしてあげることで、仕事を成し遂げた！成功した！という達成感を味わわせてあげることができる、ということでしょうか？」

「目標は自分にとって簡単すぎると、それはそれで達成感を味わえません。一方で目標が

あまりに高すぎると、何をやってもダメ、となり無力感が募ってしまいます。つまり、自己効力感アップにつながる達成感を味わってもらうためには、その人にとって簡単すぎぎも難しすぎもしない、ほどよい難易度の目標が必要だということです」

「ゲーム開発をしている友人が、ゲームは簡単すぎても難しすぎてもクソゲーになる、と言っていました。プレイヤーを熱中させるゲームの面白さは、イコール絶妙な難易度設定にあるのだ、と」

「目標設定もまさに一緒です。メンバーを熱中させてパフォーマンスを引き出し、さらに達成感を通じて自己効力感を高めるための目標は、『チャレンジングかつアチーバブル』である必要があるのです。十分に挑戦的だけど、それでいて達成可能。そんな絶妙な目標設定ができるかどうかは、マネジャーの一番の腕の見せ所です」

「目標設定では、同時に公平感も大事だと思います。例えば、自己効力感を高めたいからとあるメンバーの目標をアチーバブルの方に振ってしまったりすると、他のメンバーに対して不公平になったりはしないものなのでしょうか？」

「目標の難易度設定やグレードというものは、まさにそのためにあります。目標を簡単にしても同じグレードの仕事に収まりそうであれば、難易度設定の調整で公平性をキープすることができます。自己効力感とのかね合いで目標を簡単にしようとした結果、今のグレードにそぐわない仕事になってしまうようであれば、ＰＩＰなどをしてグレード自体を調整する必要があるかもしれません」

「ピップ？」

「パフォーマンス・インプルーブメント・プログラムの略です。パフォーマンスが今のグレードに見合わない場合、それを改善する計画を立てて、それでも改善しない場合はグレードの方を見直す、という調整プログラムです。この話題はとても複雑、かつ完全に人事の領域なので、詳しくは労務の専門家に相談するようにしてください」

◎メンバーの自己効力感を意識した目標は、チャレンジングかつアチーバブル（十分に挑戦的だけど、それでいて達成可能）である必要がある

他人のできる！をモデリング（代理経験）する

「仕事を成し遂げた！成功した！という達成感が自己効力感を上げてくれる、という話は、個人ではなくチーム全体にも当てはまります。それゆえ成果を出すマネジャーは、『クイック・ウィン』の設計に細かく気を配ります」

「クイック・ウィン？」

「辿りつくまでに時間がかかる最終的なゴールを細かく噛み砕いて、数週間や数カ月で結果がわかる当面のゴールを設定する、というテクニックです。例えば従業員の退職率を改善する、という長期の目標に対して、半期に一回のエンゲージメント・サーベイや、毎月のパルス・サーベイのスコア改善をクイック・ウィンとして設定する、など」

「なるほど。成し遂げた！成功した！ということで毎期、あるいは毎月チーム全体が盛り上がり、その都度チームの自己効力感、ひいてはパフォーマンスが改善していく、ということですね。野球でも常勝チームには勝ち癖が、弱小チームには負け癖がついているものですが、それを解像度高く分析するとそういうことになるわけか」

「チームの自己効力感についてもう一つつけ加えると、個人の自己効力感は、他のメンバーにも伝染していきます。メンバー一人の自己効力感は、チーム全体のパフォーマンスを押し上げたり、逆に低い場合は押し下げたりもする、ということです」

「モチベーションやパッションは、明らかに周りの人に伝染しますが、自己効力感や自信でも同じことが起こる、ということですね」

「代理経験（モデリング・エクスペリエンス）という考え方があります。自分の周りの人が成功しているのを見ると、嫌でも自分をそこに重ね合わせて考えてしまうでしょう。そんな他人の経験への自分の投影を通じて、人は嫉妬や焦りを覚えると同時に、もしかしたら自分にもできるかもしれない、という挑戦意欲も高まっていくものなのです」

「それはわかる気がします。僕の大学は起業する人が多くて、サークルの先輩には東証プライムまで行った人もいます。僕は元々弁護士になるつもりで、スタートアップを顧客にしたいと考えビジネスサークルに入ったのですが、そうして先輩たちが成功するのを目の当たりにして、僕にもできるかもしれない、と起業を思い立ちました」

「人類の歴史を振り返ってみると、歴史を変えた偉人たちが、異常なまでに同じ場所に同時多発することが時々あります。山口県の萩に行ったことはありますか？」

「いえ、ないです」

「吉田松陰、高杉晋作、木戸孝允、伊藤博文。彼らの旧家は全部歩いて回れる距離にあるのですよ。日本の歴史を変えたヒーローたちが、同じ時間、同じ場所にそれだけ集まるというのは、確率論だけで考えるとありえないですよね」

「僕の母方の実家は和歌山市なのですが、同じ城下町なのに思いつく偉人と言えば陸奥宗光ぐらいです。石高でいえば紀州よりも少ない長州の萩に、そんな超弩級の偉人たちがひしめき合っていたというのは、確かにちょっと信じられませんね」

「つまり、それらは偶然ではなく必然なのです。吉田松陰や高杉晋作、木戸孝允が250年以上続いた社会をひっくり返すのを目の前で見れば、総理大臣になることだって、伊藤博文にとっては現実的なゴールに思えてくるでしょう」


そう言うと、フルさんは冗談めかして大きく目を見開いた。

僕はブルーの瞳に映る自分の姿を見て、その襟を正すように静かに頷いた。

◎チームの自己効力感を意識するマネジャーは、クイック・ウィンをうまく設計する
◎個人の自己効力感は、モデリング・エクスペリエンスを通じてチームの他のメンバーにも伝染していく

［モチベートのアクションシート］

	自己効力感のレベルを確認する	チャレンジングかつアチーバブルな目標を設定する	できない部分のサポートやアサインの調整	ワーズ・オブ・アファーメーション	モデリング・エクスペリエンス
目標設定					
評価		目標設定＆目標修正（230頁）		昇進、昇給、褒賞	
1オン1	必要なサポートの確認（228頁）		必要なサポートの提供（228頁）	個別に褒める、感謝する、励ます（229頁）	
チームミーティング オフサイトミーティング				公に褒める、感謝する、励ます（229頁）	成功事例を共有する（234頁）
組織変更・異動・採用					
研修					

「モチベート」のアクションプラン

［x月x日　経営会議］

●人事・総務業務について、必要なサポートを聞きだすことで自己効力感のレベルを確認する
●自己効力感のレベルに応じて、不安を感じているタスクへのサポートと、
低下のレベルが重大であれば業務割り当ての修正を検討する
●日頃の働きへの評価と感謝を伝える

［x月x日　川田さん1オン1］

●自分自身の過去の困難と、それを乗り越えたエピソードを共有し、
自己効力感を高めるためのモデリング・エクスペリエンスを演出する

理解を深めるためのワークショップ

❶ 直近の3カ月で部下にしてあげた「フィードバック」と「ハグ」を、それぞれ3つずつ書き出してみましょう。

❷ 自分自身の自己効力感のレベルを、「企画」「数値管理」「プロジェクト管理」「マネジメント」など担当している仕事ごとに、高い・普通・低い、の3段階で評価し、パフォーマンスとの関係を分析してみましょう。

❸ 担当してもらっている業務について、何か私にサポートできることはないですか？などと部下に聞いてみて、その仕事に関する自己効力感のレベルをチェックしてみましょう。
そして、それを上向かせるためのアクションを考えてみましょう。

❹ 今設定している部下やチームの目標について、チャレンジングかつアチーバブルになっているかを改めてチェックしてみましょう。
なっていなければ、次回に向けた修正案を考えてみましょう。

第7章

ファシリテート：
エゴは「取り除く」のではなく「うまく活かす」

Chapter 7

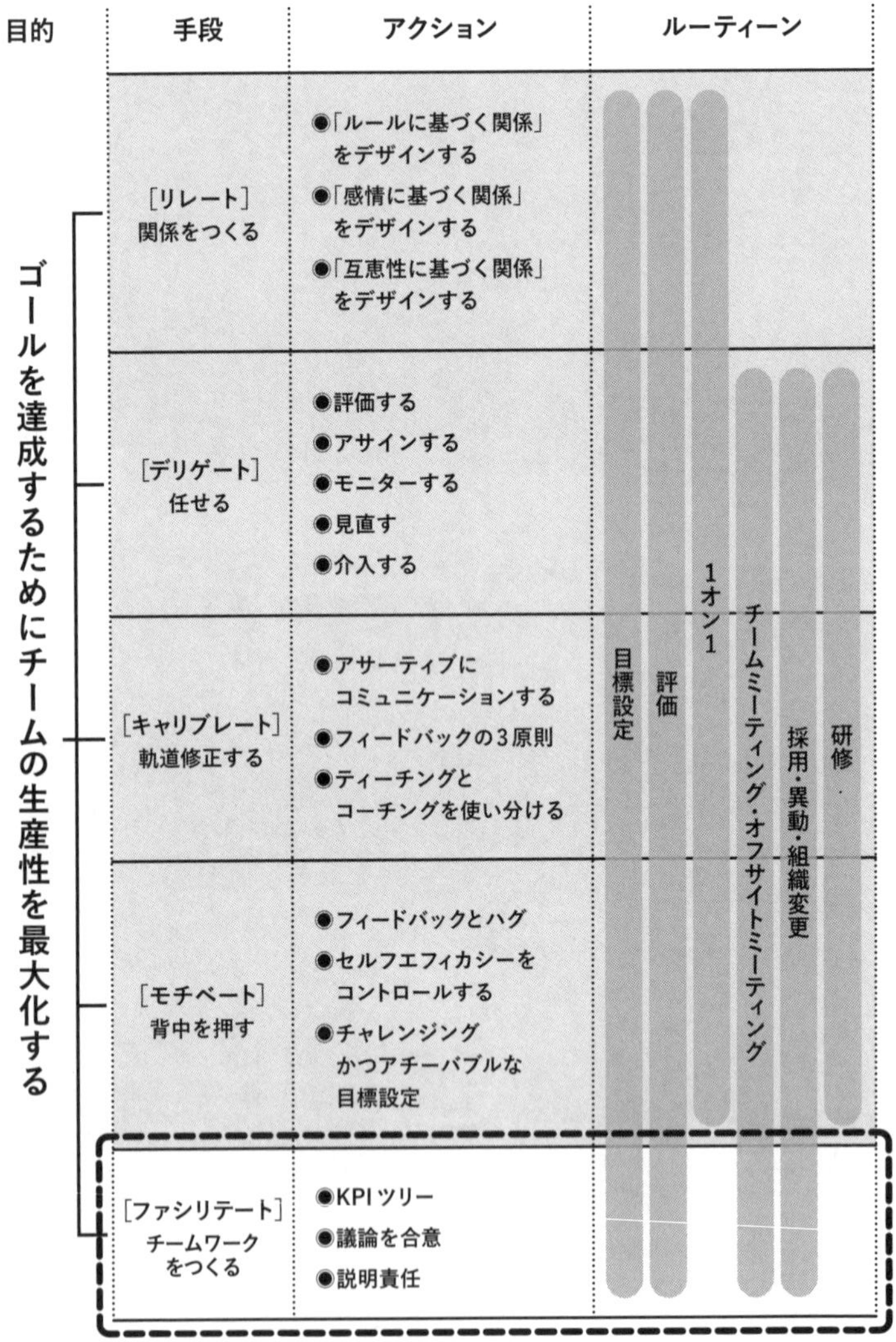
目的
手段
アクション
ルーティーン
ゴールを達成するためにチームの生産性を最大化する
［リレート］
関係をつくる
●「ルールに基づく関係」をデザインする
●「感情に基づく関係」をデザインする
●「互恵性に基づく関係」をデザインする
［デリゲート］
任せる
●評価する
●アサインする
●モニターする
●見直す
●介入する
［キャリブレート］
軌道修正する
●アサーティブにコミュニケーションする
●フィードバックの3原則
●ティーチングとコーチングを使い分ける
［モチベート］
背中を押す
●フィードバックとハグ
●セルフエフィカシーをコントロールする
●チャレンジングかつアチーバブルな目標設定
［ファシリテート］
チームワークをつくる
●KPIツリー
●議論を合意
●説明責任
目標設定
評価
1オン1
チームミーティング・オフサイトミーティング
採用・異動・組織変更
研修

「毎回温度感の低い会議」をどうすれば活性化できる？

午前中の経営会議では、まず本間さんから、営業ツールとして神奈川県の秦野《はだの》にある名門ゴルフコースの会員権を買いたい、という提案があった。

会員権を整理したいという本間さんの古巣から、仲介業者を通さず破格で譲ってもらえるとのことだったが、抱き合わせのように提案された同社主催のゴルフトーナメントの協賛費と合わせると、1千万円を超える出費となる。

元々営業ツール用に確保していたあまり予算から捻り出せるので、予算的には問題ない、ということだった。本間さんからそう言われて花岡さんを見ると、ラップトップから視線を上げず、どこか申し訳なさそうに頷いている。事前に話を通していたようだ。

協賛費と引き換えに顧客用の観戦チケットを融通してもらえる、という内容ながら、スポーツ大会の協賛は本来マーケの領域だ。その手の話には敏感な川田さんだったが、この日は何も言わずにダンマリを決め込んでいた。

誰からも反対意見はなく、いい意味でも悪い意味でも僕には全くない発想だったので、これも多様性かと最終的にゴーサインを出すことにした。


次の議題は、塚本さんが登録したフルリモート勤務の件だった。フルリモートで働くことができる国内ＩＴ大手に人材が流れてしまっている現状を受けて、自分を除く開発メンバーにはフルリモート勤務を許可したい、という提案だ。

この件に関しては、川田さんが珍しく口を挟んだ。塚本さんが発表者の案件では、これまで川田さんは無口になるばかりか、普段は必ず話し手に向けている顔を伏せて、ラップトップと睨めっこをしてしまうのがいつものことだった。

システム開発チームの仕事は作業量で見える化できるので、フルリモートでパフォーマンスが上がることを数値で示すことができれば、他の部署からも不満は出ないのではないか。他のチームとの不公平感を心配した僕の発言を受け、そうサポートに回ったのだ。

そんなやり取りがありながらも、この提案に対しては、僕は却下することにした。現在は週１以上の出社を義務としていたが、それでも出社する人が少なすぎると感じていたし、週1回と0回の違いが退職者の不満の本質だとは思えなかったからだ。

最後に川田さんが、音楽フェスと連動した新しい認知獲得キャンペーンの説明をした。

これについては誰からも、何のコメントもなかった。

年間の予算には十分収まる出費だったし、先ほどのゴルフの協賛よりは遥かに効果の試算がしっかりしているので、反対はせずそのまま進めてもらうことにした。

本間さんと川田さんからの提案には、最終的に反対はしなかったが、どこかすっきりしないところがあった。

それはそれぞれの企画うんぬんの話ではなく、経営会議全体の雰囲気の問題なのかもしれなかった。

共同創業者二人との経営会議には、いい意味でも悪い意味でも熱があった。

そこには意見の対立があり、対立がない場合でも何かしらの摩擦があり、それがゆえのベンチャーらしさがあったように思う。

今の経営会議には熱がない。先々週のようないさかいはたまにあるのだが、それは経営方針を巡る意見の対立や摩擦から生まれるものではなく、電車のなかで突発的に発生する喧嘩のようなものだった。

大企業には勤めたことがないから実際にはよくわからないが、こういう雰囲気は大企業的、なのかもしれない。

あらゆる物事が式典のように、たまに突発的なトラブルはありながらも、基本的には台本通りに進んでいく。そんな雰囲気に、僕は嫌悪感と言ってもいい感情を抱いていることに気づき始めていた。

「チーム」と「寄り合い」の決定的な違い

「ところで、そもそもチーム、とは何でしょうか？　内藤さん、チームを定義してみてください」

エスプレッソ・タイムに午前中の経営会議で感じた違和感を共有すると、フルさんは藪から棒にそんな質問を投げかけてきた。

「チームの定義……。考えてみると、意外と難しいですね。会社を立ち上げたばかりの頃に見たチームマネジメントのオンライン・セミナーでは、3人以上の人の集まりがチームだ、と説明されていた気がします」

「では、例えば、情報交換のために業界イベントに集まった3人以上の同業者はチーム、なのですか？」

「それは違いますね」

「チームではないとしたら、それは何なのでしょうか？」

「……寄り合い、という感じでしょうか」

ふと思い当たるふしがあり、直近の経営会議を何回分か脳内でプレイバック再生してみたところ、その表現が何ともしっくりくると感じてしまう自分がいた……。

フルさんは、そんな胸の内を見透かしたように、僕の目を見てスローモーションで頷いた。そしてゆっくり立ち上がると、ホワイトボードに貼ってあったクリップ型のマグネットをはがし、右手の上でトントンと2回バウンドさせた。

差し出された右手を見ると、丸いマグネットには、ラグビー日本代表の桜のマークがあしらわれている。

「ブレイブ・ブロッサムズは、誰が見ても明らかにチームですよね。では、そんなラグビーの日本代表チームと、業界イベントに集まった人たちのギャザリング（寄り合い）とでは、何が決定的に違うのだと思いますか？」

「チームには細かい役割分担がある、ということですかね？　フォワードが陣地を押し進め、ハーフがボールをつなぎ、バックスが駆け上がってトライを奪う。フォワードのなかでも8番はスクラムの一番後ろにいて、そのすぐ後ろにハーフの9番がいて、みたいな感じで、スポーツではポジションごとの役割や守備範囲が細かく決まっています」

そう言うと、フルさんは無言で頷いて、再び僕をじっと見る。

「……後は、同じゴールを追っている、ということでしょうか。トライを上げる。そして試合に勝つ。さらにはリーグやトーナメントを制して優勝する。ラグビー日本代表は、全員でそうした一つのゴールを目指しているのに対して、寄り合いのメンバーは、みんなそれぞれのエゴでそれぞれの利益を追求しているように思われます」

「だとすると、マネジャーがチームをつくるには、3人以上の人の集まりをまとめて、それぞれの役割を決め、全員を同じゴールに向かわせる必要がある、ということになりますね」

「なるほど。それはそのままチームビルディングの定義、ということになりそうですね」

「役割を決めることは、ビジネスでは＝デリゲーションの話と考えられます。目先の仕事の役割分担をするのと、会社やチームの運営を分担する組織設計とでは難しさも責任の大きさも違いますが、基本的にはデリゲートの回で学んだこととの応用です。だからここでは、もう一つのポイントについて勉強していきましょう」

「全員を同じゴールに向かわせる、というやつですね。こちらはイメージがついていなかったので助かります。組織設計の方は、人のアサインとは別に組織の箱の設計の話があると思いますが、こちらはどう考えていけばいいのでしょうか？　ここでギャンブルや実験はできないので、広く使われている組織の『型』から選ぶのだと思いますが、ではどの型を選ぶのか、というのはまた悩ましいテーマでして」

「『組織は戦略に従う』ので、組織の型も戦略から逆算して考える必要があります。例えば商品ブランドを磨いてそれで勝負するという戦略なら、ブランドマネジメント制やカンパニー制という型が有力候補でしょう。いずれにせよ、これはマネジメントというよりはリーダーシップの領域なので、ここではこれ以上深入りしないようにしておきます」

◎マネジャーがチームをつくるには、3人以上の人の集まりをまとめて、それぞれの役割を決め、全員を同じゴールに向かわせる必要がある

一人はみんなのために、みんなは一つの勝利のために

「少し話が脇にそれてしまったので、本題に戻りましょう。全員を同じゴールに向かわせる、というマネジメント・アクションの話です。先ほど内藤さんは、寄り合いのメンバーは、みんなそれぞれのエゴでそれぞれの利益を追求していると言いましたよね。それぞれのエゴで、それぞれの利益を追求するのは悪いことなのでしょうか？」

「……悪いかどうかは置いておいて、ごく自然なことですし、避けられないことなのかもしれないですね。いくらチームの勝利が大事だと言っても、それを自分の選手生命より優先させるアスリートはさすがにいないでしょうし、選手生命が終わる可能性があるからと大事な試合を欠場したとして、誰もそれを白い目では見ないですからね」

「ワン・フォア・オール、オール・フォア・ワン。この言葉を知っていますか？」

「聞いたことがあります。『一人はみんなのために、みんなは一人のために』ですよね」

「日本のラグビー界ではこのフレーズが、『一人はみんなのために、みんなは一つの勝利のために』という意味で使われています。ミスター・ラグビーと呼ばれた平尾誠二さんの考え方です」

「一人はみんなのために、みんなは一つの勝利のために。確かに、一人がチームの勝利のために自分を犠牲にしたプレイをするのはわかるとして、その見返りに今度はチームが全体を犠牲にして、例えば一人のスーパープレイのために負けないといけないのだとしたら、実際には何がしたいのかよくわからない集団になってしまいますね」

「平尾さんのこの考え方が素晴らしいのは、単にそんな矛盾を解決しているだけではなく、チームプレイの大切さを、個人の利益を否定せず、むしろそれを根っこにあるものとして教えてくれているからです。これがそのまま、理想論でも精神論でもない、現実的で合理的なマネジメント論になっているのです」

「個人の利益を根っこにチームプレイの大切さを教える……それが具体的にはどういうことなのか、今一つ理解できていないかもしれません」

「一人がみんなのために自分を犠牲にすることで、チームは勝利に一歩近づきます。そうしてチームが勝利し、最終的に優勝すれば、自分はその優勝チームの一員になることができる。それは名誉としても、経済的にも、大きな個人の利益になりますよね。だからチームプレイをしよう……そう説くのはとても理に適っていると思いませんか？」

「その理屈はとても腹落ちしやすいですし、確かに個人のエゴを否定せず、むしろそれを活かした考え方と言えますね。昔と比べると、職場では良くも悪くも自我《エゴ》が認められるようになってきていると思いますが、そんな時代にこそ求められる考え方なのかなと思いました」

「自分一人が目立って有名チームからスカウトされたい。そんなエゴがある一方で、『チームの勝利に貢献するプレイをしたい、そして優勝メンバーになって有名になりたい』などというエゴもあります。後者のようなエゴは否定せずむしろうまく使うことで、マネジャーはチームのパフォーマンスを大きく引き上げることができるのです」

◎自分一人が目立って有名チームからスカウトされたい。そんなエゴがある一方で、「チームの勝利に貢献するプレイをしたい、そして優勝メンバーになって有名になりたい」などというエゴもある
◎マネジャーは後者のようなエゴを上手にファシリテートすることで、チームのパフォーマンスを最大化する

エゴとチームの利害の調整は、全体を俯瞰するマネジャーにしかできない

「個人がエゴを追求することは、日本では特に嫌われている気がしますが、それを嫌うのは現実的でも合理的でもない、ということが理解できました」

「その通りです。いくら嫌おうと、否定しようと、人間からエゴを取り去ることはできません。一方で、エゴには悪いところばかりがあるわけではありません。人間にエゴや名誉を求める心がなければ、誰も凧につけた鍵で雷を受け止めようとしたり、生命が存在できないとわかっている宇宙に飛び立ったりはしなかったでしょう」

「エゴは人類の進化のエンジン、でもあったわけですね」

「日本にはその逆のショーケースがありますよ。エゴ＝煩悩を徹底的に否定するお寺では、何百年も変わらない生活スタイルと修行が今でも続けられていたりしますよね。もちろん、そこにはそこで、別の大きな価値があるわけですが」

「事実、そんな厳しい修行を何十年続けたお坊さんでも、煩悩を完全に消し去ることはで

きませんよね。エゴをなくせ、というのは、その意味では山寺で一生修行を続けろ、というよりも厳しい注文なのかもしれませんね」

「文字通り宇宙に飛び立つほどの進化や変化が求められる、今日のビジネスシーンに生きるマネジャーにとっての問題は、個人のエゴをどう抑えるか、ではありません。むしろそれをどう活かすか？ということなのです」

「そうなると、なのですが。花岡さんみたいに、エゴがあまり強くない人ばかりを集めてチームをつくるのは、むしろあまり好ましくない、ということになるのでしょうか？マネジャーは苦労なくみんなを同じ方向に向かせることができる一方で、宇宙に飛び立つほどの推進力はチームに期待できなくなる、という意味で」

「花岡さんのエゴは本当に弱い、のでしょうか？家族を守りたい。波風のない生活を送りたい。それだって一つのエゴ＝自我のあり方です。そういう人が、明らかに失敗するとわかっているのに、心の平穏を乱されたくないからと同僚の強硬な提案に反対しない、などといったケースでは、個人のエゴと組織の利益は衝突しています」

「なるほど。平穏な生活を乱されたくない、というエゴもあれば、とにかく楽しくやりたい、というエゴもある。有名になりたい、というエゴもあれば、縛られず自由にやりたい、というエゴもある。自分にとっての利益のあり方は人それぞれだけど、それを大事にする気持ちはみんなそれぞれに強い。そういうことですね」

僕がそう言うと、フルさんは振り向いて窓の外を眺め、しばらくの間フリーズしたように動かなくなってしまった。

一見真っ青に見えるそのターコイズブルーの瞳は、こうして横顔を見ると黒やグレーにまだらがかかっていて、ところどころが曇って見える。

「家族を守りたい……だから会社が潰れないよう、経費を削って利益を出そう、なのか、もっと成長させて安定させよう、なのか。有名になりたい……だから手がけた広告で賞を狙おう、なのか、会社を上場に導いたマーケターになろう、なのか。メンバーがそれぞれのエゴを、業務を通じて実現するには、常にいくつかの選択肢があります」

「僕としては、花岡さんにはもっと会社を成長させて安定させよう、と思って欲しいですし、川田さんには会社を上場に導いたマーケターになろう、と思って欲しいですね」

「そんな風に、メンバーのエゴが勝手に望ましい方向に向いて揃うことは、確率としては

1／4です。メンバーも選択肢も増えると、その確率は倍々ゲームで低くなっていきますよね。だからそれらをファシリテートし、同じ方向を向かせるマネジャーという役割は、ビジネス組織に欠かせないのです」

「最近ではマネジャー不要論もよく聞きますが、これは前にも議論しましたけれど、実際にマネジャーのいない組織、というのはほとんど聞かないですからね」

「Googleは2002年にマネジャーを廃止する実験をしましたが、失敗に終わって数カ月でやめてしまったそうです。その後2008年に再びチャレンジしたようですが、結果は逆に、同社にマネジャーの重要性を再認識させるものでした」

「実際、僕らもグーグルには大量に広告を出していて、定期的にミーティングをしていますが、確かに同社には階層があってマネジャーもしっかり存在していますね」

◎いくら嫌おうと、否定しようと、人間からエゴを取り去ることはできない
◎メンバーはそれぞれのエゴを、業務を通じて実現しようとするが、そこにはいくつかの選択肢がある

◎そんなメンバーのエゴが、勝手に望ましい方向に向いて揃うことは奇跡にも近い。だからそれらをファシリテートし、同じ方向を向かせるマネジャーという役割は、ビジネス組織には欠かせない

目標設計、議論・合意、説明責任

「マネジャーはメンバーのエゴを否定するのではなく、それらをうまくファシリテートしなくてはならない。考え方としては理解できました。でも実際にそれを実現しようと思った時、マネジャーは具体的には何をすればよいのでしょうか？」

僕がそう言うと、フルさんは黙って頷き、黒のマーカーを手に取って黙々と板書を始めた。空調の音をベース音として、マーカーがホワイトボードの上で踊る音が、小さな部屋にリズミカルに鳴り響く。

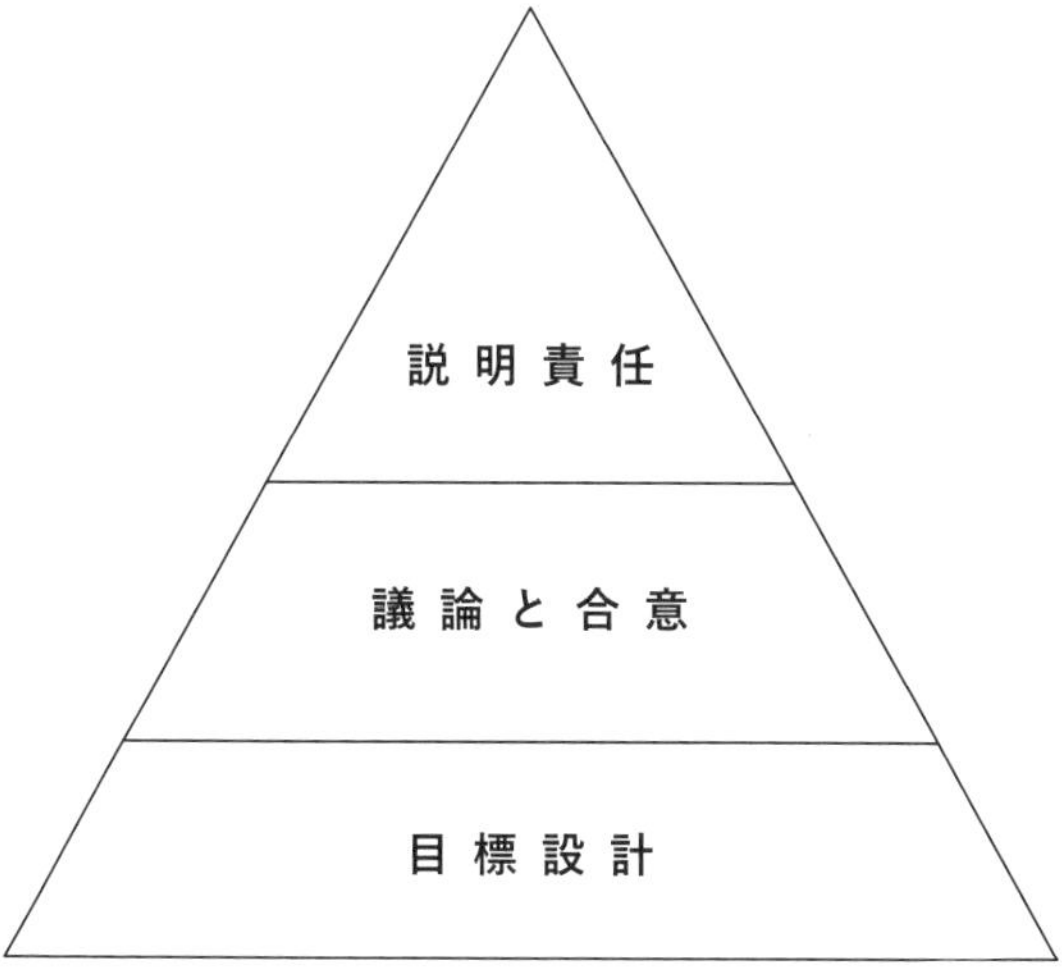

「大切なのはこの3つです」

そう言いながら、フルさんはホワイトボードの文字をトン、トン、トンと叩いた。

「土台となるのは目標設計です」

「これまで見てきたなかでも、目標にはいろいろな機能がありましたが、目標はここでもキーポイントなのですね」

「これまでは個人の目標設定について見てきましたが、ここで重要なのはメンバーそれぞれが持つ目標同士の関係性です。家族を守りたい……だからもっと会社を成長させて安定させよう。有名になりたい……だから会社を上場に導いたマーケターを目指そう。例えばこれら二つのエゴは、一緒にうまくやっていくことができそうですよね」

「家族を守りたい……だから会社が潰れないよう、経費を削って利益を出そう。有名になりたい……だから手がけた広告で賞を狙おう。逆にこの二つの組み合わせだと、エゴは思いきりバラバラの方向を向いてしまいそうですね……」

「マネジャーは、メンバーがそれぞれ持っている目標同士の関係に気を配ることで、このようなエゴの足並みを揃えることができます。そして、メンバーが持っている目標同士を関連づける一番確実な方法は、それぞれをチーム全体のゴールと紐づけてしまうことです」

「ウチが使っているMBOもそうですが、今主流の目標制度には、メンバーが自発的に目標を立ててそれを上司が承認する、というフォーマットが多いですよね。単純に経費を削って利益を出す、手がけた広告で賞を狙う、みたいにバラバラのエゴが寄せ集まってしまうのは、そんなボトムアップ型の目標制度の影響もある気がします」

フルさんは、アメリカ式のピザをイタリア人はピザだと認めるか?と問われたかのような表情で、首を横に振った。

「そうなってしまっているのだとすると、それはMBOの使い方が間違っています。考案者であるドラッカーの言葉を借りれば、MBOは『組織と個人が協力し合ってそれぞれのゴールを擦り合わせるプロセス』なのですから」

「なるほど。ポイントは、単にメンバーからのボトムアップを重視するということだけではなく、ボトムアップで上がってきた個人目標と全体目標を擦り合わせるところにある、ということですね」

「目標を承認するマネジャーは、始めにチーム全体のゴールを示したうえで、さらにその後、個人の目標がその全体目標にしっかりと紐づいているかどうかをチェックする責任があります。そうなっていないと思える目標があれば、部下と丁寧にコミュニケーションを取りながら、場合によっては考え直してもらう必要があるのです」

「目標をチェックする段階では、すでにメンバーがそれなりの時間をかけて案を考えてきているので、そこでどんでん返しをしてしまっては、モチベーションに傷がつくのではないか。いつもそれが心配になってしまいます」

「それがどんでん返しになってしまうのは、そもそもマネジャーが乱暴に全体のゴールを示すだけで、それを個人の目標に紐づける『下準備』をしていないからです」

「それは具体的には、何をするイメージなのでしょうか？」

「いろいろなアプローチがありますが、私のおすすめはチームでＫＰＩツリーをつくることです」

◎マネジャーは、メンバーがそれぞれ持っている目標同士の関係に気を配ることで、メンバーそれぞれのエゴの足並みを揃えることができる
◎メンバーが持っている目標同士を関連づける一番確実な方法は、それぞれをチーム全体のゴールと紐づけること

全体のゴールを幹として、それを枝葉に分解していく「KPIツリー」

「KPIツリーか。コンサル系YouTuberが、ビジネススキルを解説するチャンネルで、一度つくり方を見たことがあります」

「こういうのは習うより慣れろ、ですので、今から実際につくってみましょうか。まずは内藤さんが考える、株式会社TEAMにとっての一番大事な数字、つまりKGIは何なのかを教えてください」

「一番は月間継続売上（MRR）です。1億円オーバーが上場の目安だとヤスさんからは言われています。一つに絞る必要があるのでしょうか？」

「他にもあれば教えてください」

「他には、チャーンレート、つまり解約率ですね。こちらは2％以下を目指しています。後は利益ですが、これは今のところは黒字であればよく、上場後に目標を立てて改善していければと考えています」

フルさんはホワイトボードの空きスペースに、「MRR1億以上」「チャーンレート2%以下」「黒字」と書き込んだ。

「これらのゴールを達成するために、マーケ・営業・システム開発などそれぞれの現場では、手元のどんな数字を改善していけばいいでしょうか」

「まずは何といっても新規顧客の獲得数です。新規顧客が増える数と既存顧客が離れてしまう数が、一歩進んで一歩下がる、の現状のままでは、MRRはいつまで経っても上向いていかないので」

「他にもあれば教えてください」

「既存・新規両方の顧客の利用率も大事です。解約してしまうお客さんは、利用率が明らかに低い企業であることがほとんどです。なので、そうしたお客さんに今より頻繁に使ってもらうことができれば、チャーンレートは改善できることがわかっています。後は黒字をキープするための経費率ですね」

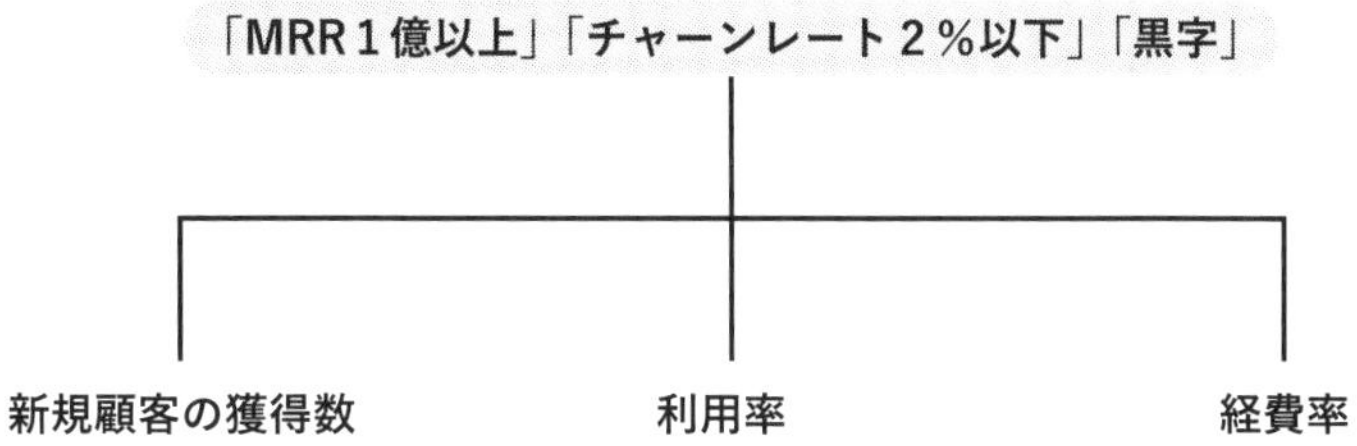

フルさんは最上部に書いたゴールから3本の枝分かれをつくり、それぞれに「新規顧客の獲得数」「利用率」「経費率」と書き込んだ。

「これらをさらに細かく分解していきましょう」

そして一番左に書いた「新規顧客の獲得数」をトントン、と叩く。

「新規顧客の獲得数を上向かせるには、商談の数を増やして、かつ成約率を上げる必要があります」

「それぞれをさらに分解することはできますか？」

「商談の数を増やすには、サービスの認知とリーダーイメージが大事だと考えています。まだ競合サービスがほとんどなく、『早い者勝ち』で僕らがこの領域をリードしていると思われていた創業当初は、面白いように商談のアポが取れていました」
「成約率はどうでしょうか」
「成約率を左右するのは、やはり機能の充実度ですかね。お客さんは、最終的には機能の星取表をつけて、他社のサービスと僕らを比較するので。後はキラーコンテンツの存在です。うちにしかない独自の機能か、他にあってもうちが圧倒的に優れている機能、と言いますか。前はそれがあったので営業がしやすかった実感があります」

フルさんはしきりに頷きながら、ツリーを書き足してくれていた。

そして「新規顧客の獲得数」の枝が完成すると、右の「利用率」にペンを移動させる。

「利用率はどう分解できますか？」
「申し込みをしてくれた企業の10％くらいが、登録をした後一度も使わないままアカウントを放置状態にしてしまいます。利用率を上げよう、という時、最初に手をつける必要があると考えているのは、この『歩留まり』の解消です」

「その歩留まり率を改善するには、どういうアクションが考えられるのでしょうか？」

「先ほどのキラーコンテンツというのは、おそらくここにも効いてくると思います。アカウントを利用しないまま放置してしまうお客様に話を聞くと、大体何から使い始めたらいいかがわからなかった、という答えが返ってきます。その点、キラーコンテンツがあると、営業としてはまずこれを使ってみてください、とプッシュがしやすいのです」

「そうしてプッシュした結果、晴れて一度も利用しない状態から抜け出した企業が、再び利用しない状態に舞い戻ってしまうことはあるのですか？　あるとしたら、そこにはどういうきっかけがあるのでしょうか？」

「よくありますね。きっかけは正直よくわかっていないですが、確実に言えるのは、機能や使い勝手の満足度が高い企業ほどそうなりづらい、ということです。定期的に取っているアンケートで測ることができる満足度を上げることも、利用率を上向かせる重要なレバーであることは間違いありません」


僕がそう言うと、フルさんはさらに利用率のブレイクダウンを書き足し、ＫＰＩツリーを完成させてくれた。

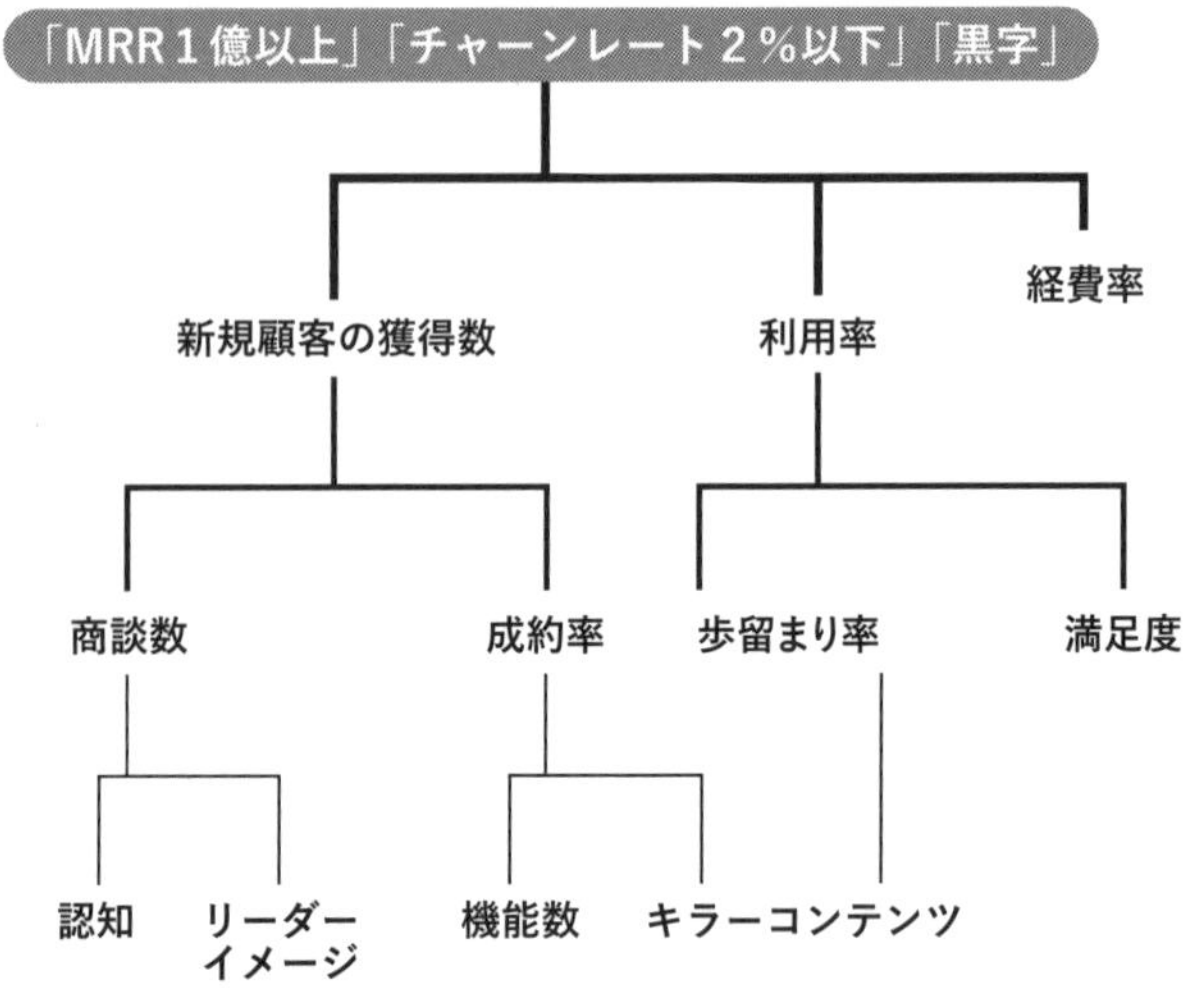

各メンバーの活動を全体のゴールに紐づける

「このようにＫＰＩをツリーで整理することで、各部門それぞれの業務が、どのようにチーム全体のゴールとつながっているのかが見える化されます。それぞれここに登場するアイテムにフォーカスしてもらうことで、全員が同じ方向を向いていること、そしてお互いの業務が共通のゴールの下につながっていることを明確にできる、というわけです」

そう言いながら、フルさんはホワイ

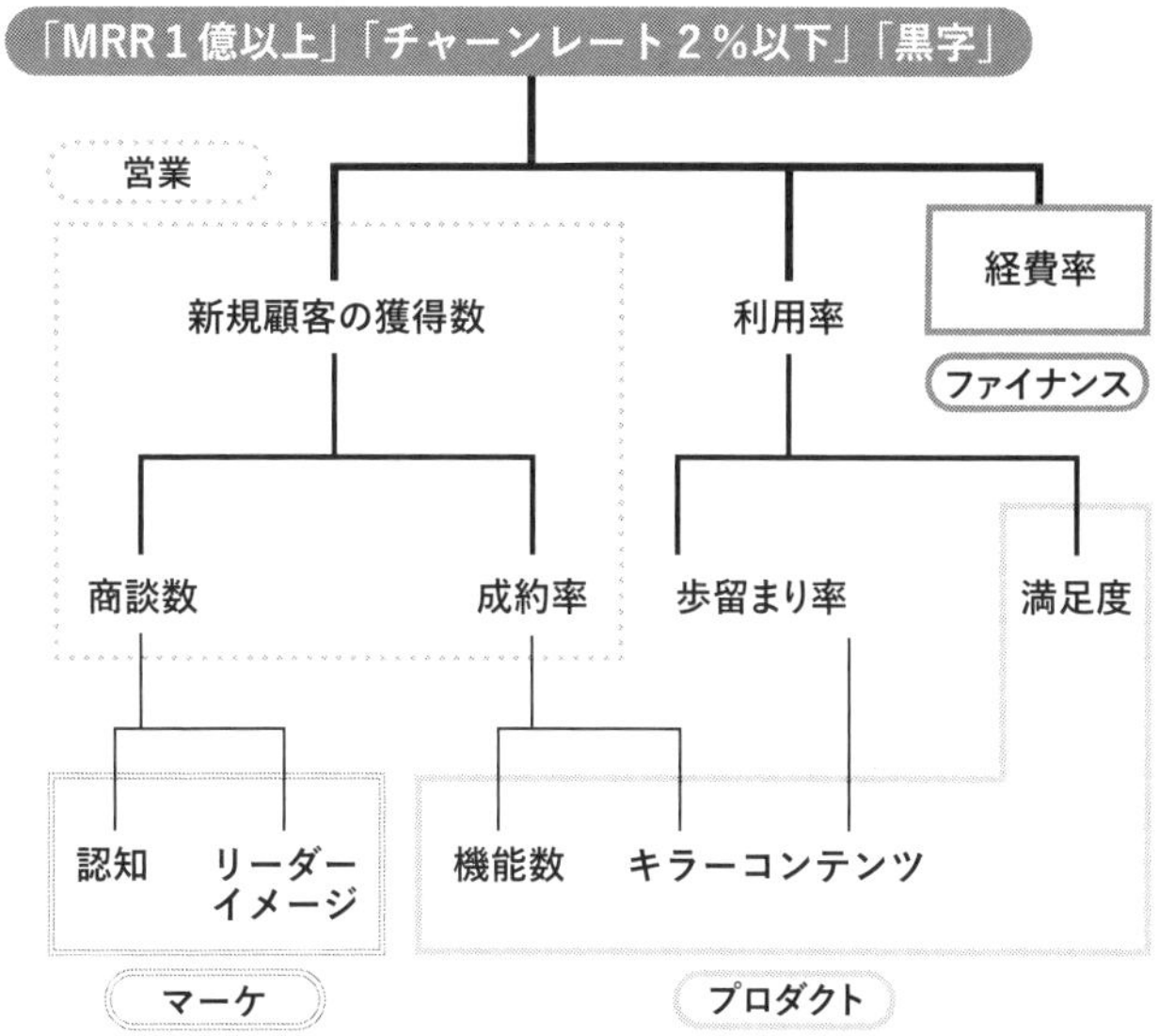

トボードにそれぞれの担当領域を切り出した。

「このツリーを頭に入れたうえで、改めて先ほど承認したと言っていたゴルフの会員権と、音楽フェスの協賛企画について考えてみてください。それらはこのツリーのなかでは、どこに位置づけることができますか？」

「ゴルフは基本的には既存顧客との関係を温める活動なので、ここにあるKPIには、どれも直接的にはヒットしないですね。音楽フェスも、法律事務所や法務部からの認知獲得にはつながらないうえに、僕らの領域でのリーダーイメージをつくり出すのにもあまり貢献してくれなそうです……」

僕の経営会議が、なぜ「チーム」ではなく「寄り合い」のようなのか。

なぜみんなが、会社をよくするために意見をぶつけ合うことを避け、全員バラバラな自分の都合ばかりを追求しているように見えるのか。

その理由はもう明らかだった。

そんな状況をつくりだしていた張本人は、他ならぬマネジャーの僕自身だったのだ。

なるべく早いタイミングで上場を目指したい。そのためにはMRRとチャーンレート、黒字の維持が大事だ。みんなにそう伝えてはいたものの、それぞれの活動と目標が、その全体のゴールにしっかりと紐づいているかどうかを全く確認していなかった。

その下準備もしていなければ、そうなっていない目標や活動を軌道修正することも、これまで全くしてこなかった。

「まずいですね……」

僕が苦し紛れにそう言うと、フルさんは正面の椅子に腰掛け、僕の目を見据えて噴き出すように表情を崩した。

そして再び、ホワイトボードに記されたＫＰＩツリーの方に顔を向けた。

◎ＫＰＩをツリーで整理することで、各部門それぞれの業務が、どのようにチーム全体のゴールとつながっているのかを見える化できる
◎各自ツリーに登場するアイテムにフォーカスしてもらうことで、全員が同じ方向を向いていること、そしてお互いの業務が共通のゴールの下につながっていることを担保できる

目標はチーム全体で合意し、前向きな相互監視を生み出す

「フルさんにおんぶに抱っこではありますが、何にせよ、こうしてKPIツリーが整理できたことはよかったです。ラッキーなことに目標設定のタイミングが近いので、次はこれを基に各部署のMBOを設定していきたいと思います」

僕がそう言うと、フルさんはホワイトボードに描いたトライアングルの真んなかをトン、と叩いた。

「今整理した各部署の目標は、最終的にはチーム全体で『合意』する必要があります。内藤さんがメンバー各自と合意しているだけで、他の人は横で同僚が何をしているかがわからない……そんな状態ではダメだということです。みんなが一つの勝利に向かってそれぞれ自分の持ち場で頑張っている。それを確認し合える状況にする必要があるのです」

「そのために『議論と合意』が必要だ、ということですね。ここで言う合意というのは、

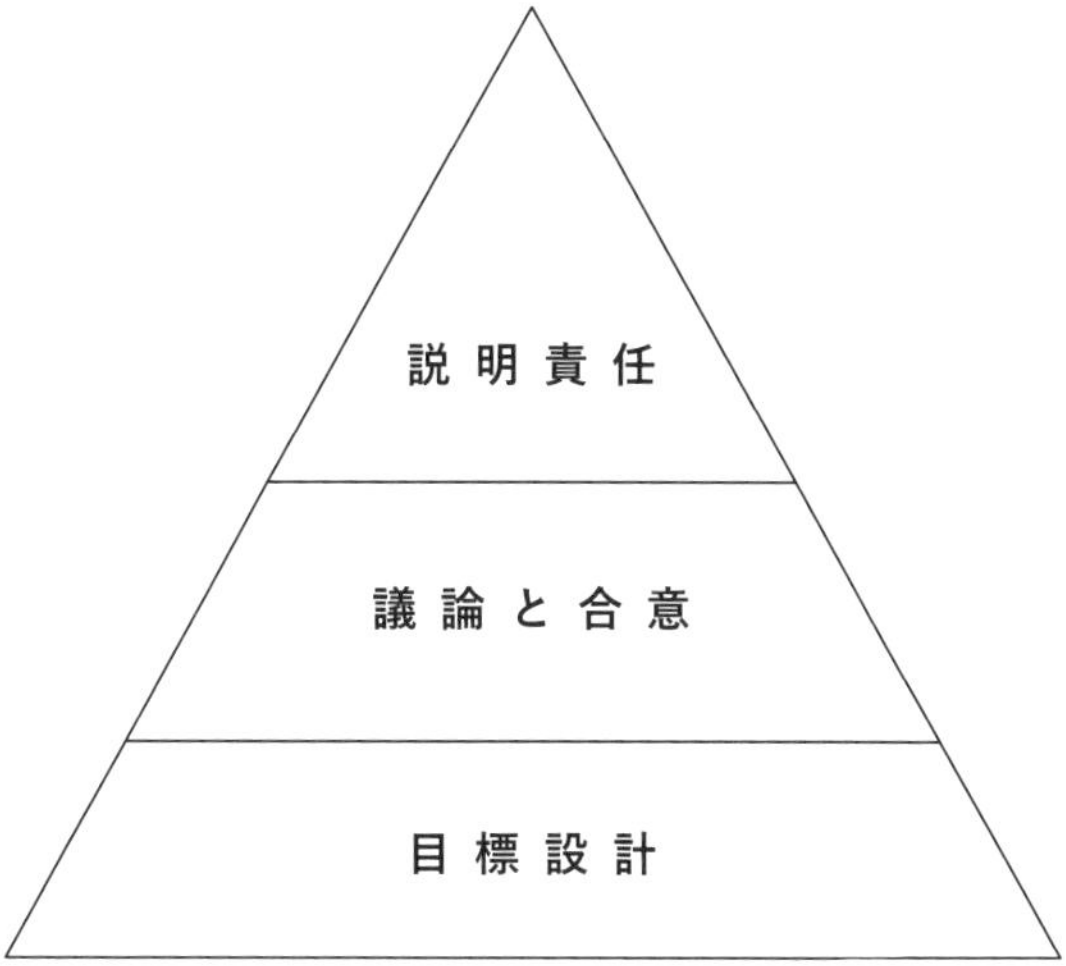

全会一致で賛成を取りつけないといけない、ということですか？　あるいは多数決みたいなものを取るイメージでしょうか？」

「多数決で決めたことも全会一致で決めたことも、ビジネスでは大体ろくなことになりません。iPhoneやChatGPTは、チームの多数決や全会一致でつくられたと思いますか？　全員でしっかりと議論をしたうえで最後はマネジャーが腹を決める。そんな儀式を通過するということが、チーム全体で合意をする、ということの私のイメージです」

「それもまた儀式……なのですね。フ

ルさんのフレームワークでは、『儀式』がいろいろなところに登場しますね」

「儀式には責任や義務を公にする機能があります。例えば結婚式という儀式は、夫婦の関係を公にすることで、夫婦にお互いに対する責任感を自覚させます。目標も、儀式としてチーム全体で合意されることで、メンバーの心にはお互いに対する一層の責任感が芽生えてくるのです」

「『相互監視』のような状況が生まれる、ということでしょうか？」

「前向きな意味での、ですね。スポーツでも、常勝軍団にメンバー同士の前向きな相互監視はつきものです。あの人があれだけやっているのだから自分も、という状態です。ただ、ビジネスにおいてそれが前向きなものであるためには、全員のパフォーマンスがオープンに議論される場が欠かせません。つまり、これが大事になってくるわけです」

フルさんはそう言いながら、ピラミッドの頂点である「説明責任」をタップした。

「マネジャーは、メンバーに対し、自分が管理しているアイテムについてチームにしっかり説明するよう求め続ける必要があります。みんなが力を合わせて一つの勝利に向き合っているチームでは、メンバーはマネジャーに対してだけではなく、同僚に対しても説明責任を負っています。マネジャーは、その番人であることが期待されるのです」

「例えば、せっかく川田さんがリーダーイメージを大きく改善しても、本間さんがそれを活かしたアポ攻勢をかけていなければ、最終的にチームはゴールに辿りつくことができないわけですからね。川田さんとしては、僕にそこをしっかり追求して欲しい、と考えて当然です」

「本来であれば、そういう時は川田さんがオープンに本間さんを批判できるといいのですが、日本ではそういう組織をつくる難易度が異常に高い、というのが私の実感です。定例会議などでのチームの進捗共有をルール化・フォーマット化し、それをマネジャーが徹底させるという形が、日本の文化に合った説明責任の仕組み化だと私は考えています」

◎KPIツリーで整理した各部署の目標は、「前向きな相互監視」を生み出すため、チーム全体で議論し合意する必要がある
◎マネジャーは定例会議などでの進捗共有をルール化・フォーマット化し、それ

を徹底させることで、メンバーのお互いに対する説明責任の番人になる

KPIツリーの議論は細切れにしない

これまでの話を頭のなかで消化しながら、僕は今一度、ホワイトボードにフルさんが描いてくれたピラミッドを眺めてみた。

「しっかり議論した結果として合意があって、合意があるからこそそこに説明責任が生まれる。そういうことだと思うのですが、だとすると一番の土台となるKPIツリー自体も、全員で議論しながらつくった方がいいのではないか、という気がしてきました」

「合意形成に必要な儀式の形は、チームの事情によってさまざまです。トップダウン文化の組織なら、マネジャーが方針をつくりメンバーそれぞれと合意した目標を、最後に全員で確認するくらいでもいいかもしれません。一方ボトムアップ型のチームなら、方針に当

たるKPIツリーから全員で議論しながらつくっていく、というのも一つの手です」
「今の経営チームは僕のトップダウン型ではないので、先ほどつくったKPIツリーを叩き台にしつつ、しっかりと時間をかけてそれを全員で揉んで、メンバーの合意を取りつけていきたいと思いました。この先の経営会議の枠を数週間分、まとめて押さえておこうと思います」

僕はそう言いながら、リーガルパッドにTODOをメモしようとした。すると、フルさんはそれを右手で制した。

「細切れで議論するのはおすすめしません。KPIツリーの議論は抽象的な話なので全員の頭のなかをならすのに時間がかかるのですが、中断するたびにまたガタガタの状態に戻ってしまい非効率なのです。業務を忘れて集中できるメリットもあるので、オフサイトを設定するのがおすすめです。経営チームで合宿をやったことはありますか？」
「ないですね……。経営合宿をやろう、などと切り出したら、全員に声を揃えて反対されてしまいそうな気がします。特に川田さんと花岡さんは外資の経験があるので、そういうウェットな会社イベントには抵抗があるのだろうな、と」

「日本にある外資系企業の支社は、よく『社員旅行』をやりますよ。私の娘が勤めるドイツの自動車会社でも、日本オフィスの全員が参加する社員旅行が春の恒例行事のようです」

「外資は人間関係がドライなイメージがありましたが、フルさんの話を聞いていると、むしろドライなのは最近の日本企業の方なのかな、という気がしてきます。デスクに家族の写真を飾る、みたいな職場での公私混同はしないうえに、週末にも平日の夜にも仕事外の付き合いはなし。結局それが悪いのか良いのかは正直まだよくわかっていませんが」

「人と人とが仕事をする以上、ウェットな心のつながりは、私はとても大事だと思いますよ。部下と心が通わない上司では、誰が相手でもしっかりとリレートすることができませんし、それでフィードバックもエンカレッジもうまく働かなければ、結果チームのパフォーマンスは上がってきませんね」


これは前にも聞いた話だった。そして、フルさんの言うことは、頭ではよく理解できた。ただ、どうしても引っかかることがあり、心の奥深くまでには染み込んできていなかった。

メンバーとの間に心のつながりを持つことは、チームのパフォーマンスを上げるための「手段」である。あくまで「手段」であるに過ぎない。そう聞こえてしまうのだ。

そう考えて貯金のように積み上げた関係は、本当に「心のつながり」と呼べるのだろうか。

僕にとって、家族や親友たちとのつながりは、それ自体が目的なのであって、決して何かの手段ではない。それが本当の意味での「心のつながり」なのだとしたら、上司と部下はどこまでいってもそれを築くことはできず、また築くべきでもないのだろうか。

この問いは、勉強会が終わりかけたこのタイミングで投げかけるにはあまりにも深く、日が落ちた小さなオフィスはいかにも場違いだった。

「フルさん、今日この後一杯どうでしょうか？」

いつものように、無言でコメントを求めるフルさんの目力に押され、僕はついそんなことを口走っていた。

ユニバース時代の部下とも、一度も食事に行くことはなかったという。そんなフルさんが、これまで慎重に距離を保っていた出資先の若い経営者の、そんな軽はずみな誘いに乗るはずはなかった。

いたずらに愛を告白してしまったような後悔からフルさんを真っ直ぐに見ることができず、顔をふせたままだった僕の耳に飛び込んできたのは、しかし思いもよらない言葉だった。

「いいですね。では焼き鳥はどうですか？」

［ファシリテートのアクションシート］

<table>
<tr><th></th><th>目標設計</th><th>議論＆合意</th><th>説明責任</th></tr>
<tr><td>目標設定</td><td rowspan="4">KPIツリーで
全体のゴールと
各チームの業務を
関連づける
（261頁）</td><td></td><td></td></tr>
<tr><td>評価</td><td></td><td></td></tr>
<tr><td>1オン1</td><td></td><td></td></tr>
<tr><td>チームミーティング
オフサイトミーティング</td><td>チームで議論を尽くし、
最後はマネジャーが
決断する（271頁）</td><td>合意の前提を
守るために
説明責任を
求め続ける
（272頁）</td></tr>
<tr><td>組織変更・
異動・採用</td><td></td><td></td><td></td></tr>
<tr><td>研修</td><td></td><td></td><td></td></tr>
</table>

「ファシリテート」のアクションプラン

［x月x日　オフサイトミーティングを設定］

●KPIツリーを作成し、全員で議論のうえ合意する

［x月x日　経営会議］

●オフサイトミーティングで設定したKPIについての、進捗共有のルールをつくって周知する

理解を深めるためのワークショップ

❶ 自分のチーム全体のゴールを、改めて書き出してみましょう。

❷ チームメンバーがそれぞれ追求する利益が、そんなチームのゴールと同じ方向を向いているか？を考え、そうでないと思える例があればそれを書き出してみましょう。

❸ チーム全体のゴールをスタート地点としたKPIツリーを、議論の叩き台として作成してみましょう。

❹ メンバーそれぞれに、目標に対する説明責任を果たしてもらうための、定例会議での進捗共有のフォーマットを考えてみましょう。

エピローグ1……西麻布の焼き鳥屋にて

「フルさんはなぜビジネスの世界に飛び込んだのですか？」

「他に選択肢が思い浮かばなかったから、です。若くして軍を引退したベテラン（退役軍人）の多くがそうするので。軍事に似ているところがあるからか、退役後は奨学金を使って営業やマーケティングの勉強をする人が多いのですが、私もそうしてマーケティングの勉強をしてから、最初はミラノにあるパスタソースのメーカーに就職しました」

「そもそもどうして、若くして軍を離れることになったのですか？」

「そう決めたのは、モザンビークから帰ってきた直後です」

「モザンビーク？　アフリカの、ですか？」

「当時内戦が終わったばかりのモザンビークに、国連は平和維持軍を派遣していました。内戦で争っていた2つの勢力がそれぞれ候補を出すことになる、新政府をつくるための選挙の監視をするのが主なミッションです。私たちイタリア陸軍は、そこに主力部隊として参加していました。そしてそこで、私は部下の命を奪ってしまったのです」

僕は口元まで運んでいたビールのグラスをテーブルに置き、個室であることを忘れて思わず周りを見回してしまった。

「といっても、私が殺したわけではないですよ」

フルさんは僕の肩に手を置きながらそう言った。

「まあ大きな違いはないかもしれないですが」

フルさんはそう囁くと、一つだけ食べて皿に置いたままだった砂肝串をじっと眺め、そのまま二の句を継がずに黙り込んでしまった。

沈黙の責任を問いただすかのように、僕もしばらくの間、皿の上の気の毒な砂肝を見つめ続けていた。

やがてフルさんが口を開いた。

「1993年の3月のことです。私の部隊にいたステファノ・マルティリーニという伍長が、西部の山岳地帯で地雷を踏んで戦死しました。ステファノの隊はその時、解体された武装勢力の基地から武器を回収する任務のため、内戦当時の前線地帯に向かう途中でした。

あたりが地雷原であることはよく知られていたのですが、二等兵のサウロ・コンヴェルシーニが地雷を撤去しながらの正面突破を主張し、ステファノは最終的にそれを受け入れました。とても正義感の強いサウロは、地雷原を避けて通ることで、平和維持軍の動きを知った過激派が先回りして武器を奪ってしまうことを嫌がったのです。

ステファノは隊員の意見をよく聞く上官でした。同時に、猪突猛進なサウロとは対照的に、慎重で規律を重んじる人でした。本来の作戦にはない地雷を撤去しながらの行軍は、彼としては本意ではなかったはずなのです。そんな事情を理解しながらも、私はその作戦を許可し、ステファノの隊を地雷原へと向かわせてしまいました。

その日ステファノは、サウロを庇うように先頭を進み、サウロの目の前で地雷を踏みました。サウロは左手を失い、心により深い傷を負いました。ステファノの棺を前に、サウロは誓いました。陸軍を離れ、生涯結婚せず、子供も持たないことを。ステファノは、その前の月に生まれた長男の顔をついに見ることなく、天に召されてしまったのです。

サウロはその言葉の通り、今も結婚せず、子供も持たずにいます。ステファノの妻ドーカと、その時生まれた子供のフィリッポはサウロを家族同然に思い、会うたびに結婚して幸せになって欲しいと願い出ますが、サウロは聞き入れません。こうして私は、一人の軍人の命と、もう一人の人生を同時に奪ってしまったわけです」

これまで聞いたことがないような長い一人語りを終え、フルさんは深呼吸するように体をゆっくりと上下させていた。

オフィスでは哲学者の銅像のように見えた締まった体は、今、目の前では、傷つきやすい思春期のアスリートのようだった。

そんなフルさんに、僕はどんな言葉をかけてあげることもできなかった。

フルさんの責任ではない。気にする必要はない。そんな言葉は、これまで何度となく上官や友人たちからかけられ、それ以上に自分に言い聞かせてはまた否定して、を繰り返してきていたに違いなかった。

そうしてフルさんの頭のなかに積み重なった思考の重みは、誰かが気まぐれにペーパーウェイトを移し替えたかのように、今は僕の頭に重くのしかかってきていた。

「ステファノは幸せだったと思いますか？」

フルさんは藪から棒にそう切り出した。

もちろん、僕はその質問に対する答えを持ち合わせてはいなかった。

これもまた、フルさんが来る日も来る日も自問自答し続けてきた問いなのだろう。

そして、今ここで僕に向けられているように見えるこの問いも、そんな生涯終わることのない自問自答の1ターンであるに違いないなかった。
だから、僕にできることは、ただ黙ってフルさんの考えがいつもの一回りを辿るのを待つだけだった。

「仕事における一番の幸せは、お金でも地位でも名誉でもなく、自分にとって本当に価値があると思える何かを見つけ、それに全身全霊で打ち込むことなのではないか、と私は思います。自分が心から信じた軍務に命を懸けることができた。そうなのであれば、ステファノは幸せだったのでしょう」

それは何度も繰り返し読み上げ、完璧にそらんじた祈りのようだった。

「うまく言えませんが、何となくこう、安心しました」
「私が人殺しではなかったことに、ですか？」
「……フルさんがそうやって、今も部下を思って悩み続けていることが、と言いますか」

僕がそう言うと、フルさんの瞳は記憶の雲をかき分けて現実世界に舞い戻り、目の前の僕をしっかりととらえた。そんなフルさんの眼差しに背中を押されるように、僕は続けた。

「マネジャーにとって、部下との心のつながりは、目的を達成するための手段、なのですよね。その理屈はよく理解できます。でも、そうだとしたら、部下の人生やその幸せを思うマネジャーの気持ちは、仕事のために取り繕ったものなのか、本物であればプロになりきれないアマチュアの甘えなのか、そのどちらかなのだと思っていました」

フルさんは、この世の全てを肯定するように、静かに頷いた。そうして、こう続けた。

「人は手段ではなく目的です。それは家族や友人であろうと、部下であろうと変わりはありません。ただ、上司が部下の幸せを手助けできるのは、あくまで仕事を通じて、なのですよね。病気の時も心に嵐が吹く時も、いつでも部下の側にいることなど上司にはできません。上司と部下の時間はいつでも短く、限られています。

そんな限られた時間のなかで、部下が自分にとって価値のある何かを追求するために、上司にできる最大の手助け。それは、仕事のなかでその人の能力を最大限引き出してあげること、なのではないでしょうか。その仕事が部下にとって人生を懸けるべき天職なのであれば、そんなサポートを通じて上司は部下を人生のゴールに近づけてあげることができます。

部下が自分にとって価値のある何か、をまだ探している旅の途中なのだとしても、一度は心を決めて参加した会社のゴールに近づけてあげることは、そんな旅の道連れとして、上司が部下にしてあげられる最善なのではないでしょうか。そうすることは、部下の視野を広げ、また部下が評価されてより多くの選択肢を手にする手助けにもなります。

会社として見ると、確かに社員は資源であり、つまりは手段です。ただ、上司から見ると、部下は同時に人であり、つまりは目的そのものでもある。この二つの見方は、しかし幸い矛盾しないのですよ。部下を思う気持ちと、マネジメントのプロであることは、決して矛盾はしないのです」

エピローグ2……小田原にて

熱海から東京へ戻る新幹線のなかで、川田さんと塚本さんは隣り合って何かを話し込んでいた。塚本さんが何か冗談を言ったのか、川田さんが笑い声を出して大きく体を揺らしている。

川田さんは、元々は花岡さんの隣に座っていたのだが、新幹線が山あいのコースを抜け再び海が見えてきたあたりで、ＰＣを持って塚本さんの隣に移動していた。

そんな川田さんを尻目に僕がＰＣを開いて作業を始めると、花岡さんは僕の隣にいた本間さんに声をかけ、ゴルフの会員権についてもう一度話がしたい、と空席になっていた自分の隣の席に誘った。

しばらくしてから二人の様子を見ると、花岡さんはＰＣを開いて本間さんに何かを熱心に説明していた。

一人になって気が楽になった僕は、ＰＣを閉じて車窓から海を眺めた。遠くに見えるのは伊豆大島か、あるいは房総半島だろうか。子供の頃、父親が運転する車で湯河原の温泉に行くのが、我が家の年の瀬の恒例行事だった。

僕はそんな少年時代の思い出から、昨日まで一気に記憶のテープを早送りし、合宿後のディナーでの出来事について思い返してみた。

＊　＊　＊

経営合宿を開催する。全員参加必須でお願いしたい。

経営会議でのそんな僕の呼びかけは、拍子抜けするほどすんなりと全員に受け入れられた。僕の思い詰めたような表情から、もっと深刻なアナウンスを予想していたのか、「合宿」というほがらかなワードはむしろみんなの表情を明るくしたようだった。

いつやりましょう、と日程調整について花岡さんが先陣を切ると、続けて会場の調整を川田さんが買って出てくれた。その後はとんとん拍子に話が進んだ。

合宿当日は、東京・品川・新横浜・小田原からそれぞれ新幹線に乗り合い、会場となるホテルのある熱海駅で現地集合とした。東京駅から新幹線のグリーン車に乗った僕は、熱海に着くまで結局誰とも顔を合わせることがなかった。

ホテルに着くと、川田さんが手際よく全員分のチェックインをしてくれた。

普段は小規模な結婚式に使うという会議スペースは、サウナのある大浴場と並んで最上階にあった。各自部屋に荷物を置いてから集合すると、全面ガラス張りの窓から、まるで船の上にいるかのようなオーシャンビューが目に飛び込んできた。

5年前に新規オープンしたホテルとあって、部屋も設備も調度品も、いわゆる温泉地の大型ホテルとは一味違っていた。そんなことを語り合いながら、ホテルのスタッフさんが配膳してくれたお弁当とペットボトルのお茶で昼食を済ませると、僕らは早速議論に取りかかった。

KPIツリーをつくる議論は、いくつかの持ち越し事項はあったが、午後いっぱいをかけて大方まとめることができた。

全員の腹に染み渡った、とまではまだ言えなかったが、これでやっていこうという納得感は何とか生み出すことができた。少なくとも僕はそう感じていた。

ホテルのレストランはあまり評判がよくない、ということで、ディナーは別途タクシーで5分の距離にある個室のイタリアンを、やはり川田さんが予約してくれていた。

銀座に本店がある老舗ということで、海沿いの小洒落た洋館のようなロケーションを想像していたのだが、タクシーは民家の合間を縫って細い坂道を登っていく。辿りついたのは古い旅館を改装した料亭のような建物で、畳の間にテーブルと椅子が置かれた個室からは、ウグイス色の木々を通して遠くに熱海の海が見えた。

塚本さんも含めて、幹部全員が食事のテーブルを囲ったのはこれがはじめてだった。はじめて見る飲み会モードの塚本さんは、自ら進んで喋りこそしないものの、魔法が解けたように話しかけやすかった。隣に座った川田さんは、ここぞとばかりに塚本さんのプライベートをあれこれと聞き出していた。

宴もたけなわになって、本間さんから締めのスピーチを振られた僕は、珍しく頭が真っ白になってしまった。

だいぶワインが回っていた、というのもある。

ここのところ、いつも以上にずっと仕事のことを考え続けていたのだが、そんな頭の戦闘態勢が解けて、すっかり気が緩み切っていたのもよくなかった。

僕は直立不動で何も言い出せないまま、なぜか突然涙が止まらなくなってしまった。

すみません……。何だろう……。そんなことを口走りながら恐る恐るみんなの顔を見ると、そこには不思議とこの状況を自然に受け入れている表情が並んでいた。

少し落ち着きを取り戻すと、僕は改めて、こうして合宿を開催するに至った経緯を説明した。

合宿をしよう、と考えるきっかけとなったフルさんのことも紹介し、マネジメントのトレーニングを受けていたことも正直に打ち明けた。そして自分のマネジメント能力が至らないこと、それでみんなに迷惑をかけていることを素直に詫びた。

組織崩壊がトラウマになり、今もそれを恐れていること。もう1年以上毎晩よく眠れておらず、心療内科と頭痛の外来に通っていること。一度蓋を外すと、そんな弱音が堰を切ったように溢れ出てきてしまった。

とにかく何かを話さなくては。そんなプレッシャーからはそれで解放されるのをいいことに、僕はもうどうにでもなれ、とばかりにその場で全てを吐き出してしまったのだった。

川田さんの目は少し潤んでいるように見えた。

花岡さんは、僕と目が合うと、大丈夫、大丈夫、と言わんばかりに小刻みに頷いてくれた。

塚本さんは無表情にテーブルを見つめていたが、この状況を拒絶することはなく、その自然な一部になろうとしてくれているのがわかった。

同情するように眉間に皺を寄せ、すぐ隣で僕を見上げながら話を聞いてくれていた本間さんが、その場を支配していた沈黙を破った。

「内藤さん、大丈夫だよ」

普段は僕には敬語の本間さんだったが、その時はカジュアルな口調でそう言った。

「このメンツでやっていこうよ」

全員が首を縦に振った。塚本さんも唇を結び、眉間に皺を寄せながら、小刻みに頷いている。

僕は「はい！」と自分でも驚くほどはっきりと返事をし、全員に向かって深々と頭を下げた。

＊　＊　＊

急に車内がざわつき始めたので、僕は不意に現実に引き戻された。
新幹線が小田原に着いたようだった。
川田さんと塚本さん、花岡さんと本間さんはまだ仕事の話を続けている。僕だけが一人仕事を持たず手持ち無沙汰で、足の速くなった子供達に置き去りにされた父親のような寂しさを感じていた。

「内藤さん」

そう言われて声の主を見上げると、そこにはスーツ姿の大男が佇んでいた。
共同創業者の後輩だった。

「おぉ」

僕は何とかそう声を絞り出したのち、完全にフリーズしてしまった。

この1年と半年の間、共同創業者の二人のことを考えない日はほとんどなかった。1日もなかった、というのは言い過ぎかもしれないが、あったとしても指折り数える程度だっただろう。

二人が会社を去ってからしばらくの間、僕は毎日のように二人のソーシャルメディアをチェックしていた。最初は、自分や会社について何か悪いことが書かれているかもしれない、という警戒心から。そのうちそれが日課になって、二人が新しい仕事や生活を築いていくのを、遠く離れた場所から静かに見守るような心持ちで。

3カ月ほど経って心療内科にかかるようになると、先生からはそれを止められた。執着心は心を蝕むのでそれを手放す必要がある、ということだった。

効果は確かにあった。本間さんがジョインし、塚本さんが続き、と新しい経営チームが出来上がってきた時期だったことも手伝って、失われた旧経営チームのことを考える時間は少しずつ減っていった。

ただ、この会社には二人を思い出させるものがあまりにも多すぎた。

会議室の名前。お得意先との雑談。リニューアルから取り残された画面や機能。二人の面影は思わぬところに潜んでおり、ある時ふと僕の目の前に姿を現しては、心のかさぶたを剥がして喪失感をぶり返させた。

もう二度と会うことはないだろう。どこかで見かけても話すことはないだろう。

そう思っていた後輩が今僕の目の前にいて、僕に話しかけてきている。

何かただならぬ雰囲気を察して、川田さんと塚本さんが立ち上がり僕らの方を見た。花岡さんと本間さんもPCから目を離し、心配そうな視線を僕に送る。

僕が頷きながら手を上げて何も問題がないことを伝え、後輩もぺこり、ぺこりと後ろを振り返ってみんなにお辞儀すると、4人は単に古い知り合い同士がばったり会っただけだ、という状況を飲み込んだ。そして、すぐにそれぞれの話題に戻っていった。

「会社、順調そうですね」

後輩は再び4人を見回してそう言った。僕が無言で頷くと、後輩はアップルウォッチをチラリと見て、もう行かなくては、という表情で軽く会釈した。僕は再び無言で首を縦に振った。

まるで声を失ったかのような僕に、後輩がたまりかねて笑った。

とても懐かしい笑顔だった。僕は胸が熱くなるのを感じた。

「元気そうでよかったです」

後輩は立ち去り際に僕にそう言った。

許してくれたのか。

去り行く後輩の後ろ姿を眺めながら、僕はそう心のなかで呟いた。

【参考文献】

〈書籍〉

アドラー心理学入門　岸見一郎　KKベストセラーズ

全訳 戦争論（上）（下）　カール・フォン・クラウゼヴィッツ、加藤秀治郎　日経新聞出版

組織デザイン　沼上幹　日本経済新聞出版

ティール組織――マネジメントの常識を覆す次世代型組織の出現　フレデリック・ラルー、鈴木立哉　英治出版

HIGH OUTPUT MANAGEMENT（ハイアウトプット マネジメント）人を育て、成果を最大にするマネジメント　アンドリュー・S・グローブ、小林薫　日経BP

マネジメント［エッセンシャル版］　P・F・ドラッカー、上田惇生　ダイヤモンド社

ヤフーの1on1――部下を成長させるコミュニケーションの技法　本間浩輔　ダイヤモンド社

Authentic Leadership（HBR Emotional Intelligence Series）　Bill George、Herminia Ibarra、Rob Goffee、Gareth Jones　Harvard Business Review Press

Coaching for Performance, 5th Edition: The Principles and Practice of Coaching and Leadership　Sir John Whitmore　John Murray Business

The Five Dysfunctions of a Team: A Leadership Fable, 20th Anniversary Edition　Patrick M. Lencioni　Jossey-Bass

The Practice of Management　Peter F. Drucker　Harper Business

〈論文〉

Reciprocity in Manager-Subordinate Relationships: Components, Configurations, and Outcomes　Mary Uhl-Bien, John M. Maslyn　2003

The Impact Of Occupational Self-Efficacy On Job Performance　Kaeley A. Tener　2020

〈Webサイト〉

A supportive place to work: the impact of positive affirmations
https://www.reed.com/articles/a-supportive-place-to-work-the-impact-of-positive-affirmations

Culture of the United States Marine Corps
https://en.wikipedia.org/wiki/Culture_of_the_United_States_Marine_Corps

Google：マネージャはやはり重要な存在である　InfoQ
https://www.infoq.com/jp/news/2017/02/google-managers/

How to Boost Your Employees' Self-Efficacy（and Why It Matters）
https://www.babbelforbusiness.com/us/blog/self-efficacy/

Mozambican Civil War
https://en.wikipedia.org/wiki/Mozambican_Civil_War

Understanding Your Communication Style
https://umatter.princeton.edu/respect/tools/communication-styles

9 Tips to Master the Art of Delegation for Managers
https://www.risely.me/the-art-of-delegation-how-to-master-it-as-a-manager/?amp=1

［ノート索引］

第1章　そもそもマネジメントとは何か

・リーダーとマネジャーは、本来それぞれ別の役割。リーダーは指導者、マネジャーは管理者［49頁］
・経営者（広義のマネジャー）は、リーダーの顔と、（狭義の）マネジャーの顔、その両方を併せ持っている［49頁］
・マネジャーの仕事とは、リーダーの定めたゴールにいち早く辿りつくために、あてがわれたメンバーの力を最大限に引き出すこと［52頁］
・ピープルマネジメントとは、同じ材料、設備、人員でなるべく多くのハンバーガーをつくるゲーム［52頁］
・マネジャーの職にある人が、手が足りなければ自分も臨時でマネジャーの仕事をするということと、メンバーの仕事「をしながら」、メンバーの仕事「も同時にする」というのはまた別の話［57頁］
・「マネジャーときどきプレイヤー」は、本当の意味での「プレイング・マネジャー」ではない［57頁］
・上位の管理職になるほどリーダーの色合いが強くなり、下位の管理職になるほどマネジャーの色合いが強くなる［61頁］

第2章　マネジメントの全体像

・1オン1などの会議や目標設定、評価などは、チームのパフォーマンスを最大限に引き出す、という目的を達成するための手段ではなく、それらの手段を格納する入れ物（ルーティーン）である［76頁］
・目的も手段も顧みず、ただ闇雲にルーティーンを繰り返すマネジャーは、空箱に祈りを捧げ続けるまじない師のようなものである［77頁］

第3章 リレート：「部下と仲良くなる」のではなく「理想的な上司と部下の関係をつくる」

・マネジメントにおいて重要な関係性とは、「友達関係」ではなく「上司と部下の関係」［１０５頁］
・部下が遠慮なく意見をする。それを踏まえたうえで上司は決断する。そうして下された決断を、部下は遅れることなく実行に移す。上司はその責任を取る。リレートとは、このような「理想的な」上司と部下の関係を築くこと［１０５頁］
・「上司と部下の関係性」をつくり出す一つの要素は「ルール」。ルールとは、文書になっているものに限らず、組織のなかで「慣わし」として守られている決まりごと全般をいう［１１２頁］
・会社組織においては、チームごとにフレキシブルに設定できるよう、共通基盤としての慣わしは一般的に緩く設定されている。慣わしをデザインし、セットしたりメンテしたりするのはマネジャーの仕事［１１２頁］
・担当の案件については毎週定例会議で進捗を報告する、などという慣わしを、上司はイベントや掛け声などの儀式を通じての他、はっきりそうお願いしたり、地道に徹底を求め続けたりすることで

つくり上げていく［112頁］
・目標設定と評価の仕組みは、どこの会社にも必ずある、上司と部下の関係をセットしてくれる初期設定の慣わし［115頁］
・互恵性（レシプロシティ）＝ギブ&テイクの関係［120頁］
・互恵性を築くために便利なアイテムは、知識・人間関係・環境の3つ［121頁］
・評価や昇進、特別な肩入れなど、数が限られた（全員に提供できない）マスト・ハブをギブの対象にするべきではない［121頁］
・心の通わない人と膝を突き合わせていては、コミュニケーションに支障が出たり、ストレスからパフォーマンスが落ちたりしてしまう［125頁］
・パーソナル・ヒストリーを共有し合い、仕事の肩書きを超えた、より立体的な自分を知ってもらうことで感情のつながりを築く［126頁］

第4章　デリゲート：「自分では手を動かさない」のではなく「任せるというアクションをする」

・「任せない」と「丸投げにする」の2択は、未熟なマネジャーが必ず一度はハマるトラップ。いずれも任せる、というアクションから逃げている［139頁］
・任せる＝評価する・アサインする・モニターする・調整する・介入する［139頁］
・その人は何ができて何ができないのか。どこまでだったら任せられ、どこからが手にあまるのか。仕事を任せるのに先立って、そういったポイントを、過去の仕事ぶりから暫定的に評価していく

［142頁］

・評価を見直し、問題があれば修正するプロセスがこの後に控えているので、ここでの評価は仮説で問題ない［143頁］

・何を手放しで任せ、何を細かく手解きするのか。ざっくりと削った木の塊から彫刻を削り出すような感覚で、デリゲーションを細かくデザインしていく［146頁］

・モニタリングとは、定例ミーティングやWIP、日報・週報などの「仕組み化された進捗確認」［150頁］

・モニタリングはあえて機械的に淡々と行い、メンバーには応答責任ではなく、説明責任を追求してもらう。そうすることで、メンバーをその案件の「経営者」に仕立て上げる［150頁］

・評価＆アサインをしっかりすることで、モニタリングで注目すべきポイントがわかる［153頁］

・そうした注目ポイントに問題があれば、追加のサポートが必要なのか？あるいは別の能力の評価に問題があったのか？などとさらなる仮説を立てて、評価やアサインを調整していく［153頁］

・チームミーティングなどのシーンでは、気になることがあっても、その場で仮説の確認や評価＆アサインの調整を急ぐべきではない［154頁］

・モニタリングで問題が発見された時、トレーニングを実施して、メンバーのスキルや経験自体に調整をかけることも一つの選択肢［157頁］

・知識やスキルのレベルが高い人から低い人に、一方通行でそれらを流し込む教育方法がティーチング。それに対してコーチングは、コーチがコーチーを、対等な立場から質問や問いかけを通じて気づきに導くアプローチ［158頁］

・上司が介入することで、部下の主体性は失われ、自己効力感を大きく低下させてしまうことがある［161頁］
・マネジャーは、自分の介入が必要にならないよう入念に仕事をデリゲートし、最悪必要になった場合でもそれを最小限にとどめる必要がある［161頁］

第5章 キャリブレート：「褒めて伸ばす」だけではなくコースを外れそうな時は「軌道修正する」

・アグレッシブとパッシブ・アグレッシブは攻撃的、パッシブは完全な受け身［184頁］
・マネジャーのコミュニケーションは「アサーティブ」であるべき［184頁］
・まず、守るべき領域をはっきりさせる。つまり自分の考えや気持ちを整理する［188頁］
・そうして明確になった考えや気持ちを、包み隠さず正直に、かつ感情を抑えて冷静に相手に伝える［188頁］
・ネガティブなフィードバックをする時は、事実にフォーカスし（ファクト）、感覚を空けず（タイミング）、相手への尊敬を忘れない（リスペクト）［194頁］
・事実を指摘し続けても根っこに問題が残るケースでは、コーチングのアプローチで自分を変える決意に導く［198頁］
・自分の豊富な経験を基に、メンティーの相談にアドバイスをするメンターと違い、コーチはコーチーより経験が豊富である必要はない［198頁］
・ゴールは何か（Goal）。それに対する現状（Reality）。ゴールと現状のギャップを埋める選択肢には何があるか（Options）。この先の行動計画（Way-foward）。コーチングではGROW《グロウ》を一つひとつ確認していく［205頁］

・100点満点で自己採点してもらう→足りない点数は何で、それを補うにはどうしたらいいか？を聞くことで、ゴール・現状・ギャップ・それを埋める選択肢についての質問を一気にカバーできる［205頁］

・コーチーから答えが出てこない場合は、Thinking out loudしてください、とうながしてみる。まとまっていない考えでも、ダラダラと喋りながら考えてもらう［205頁］

第6章 モチベート：「上司も部下も会社の機能」と割り切るのではなく「人としての強さ・弱さ」を意識する

・フィードバックは軌道修正。メンバーが間違った道に進みそうになった時に、マネジャーがそれを正してあげること［220頁］

・ハグはその正反対で、メンバーが正しい道を進んでいる時に、それをエンカレッジして（勇気づけて）あげること［220頁］

・正しい勇気づけは自己効力感（セルフ・エフィカシー）を養い、自己効力感は仕事のパフォーマンスを上向かせる［224頁］

・自己効力感は、特定のタスクや仕事をこなすうえでの自分への信頼［224頁］

・仕事がうまくいかずに自己効力感が蝕まれると、それが自信の喪失につながり、やがては自尊心までが苛まれてしまうことがある［229頁］

・マネジャーが注視するべきは、仕事やタスクにひもづいているため直接影響を与えやすい自己効力感［229頁］
・称賛・感謝・激励の言葉をかけてあげる、仕事の手伝いをしてあげる、割り当てを調整してあげる、などにより、マネジャーは部下の自己効力感によい影響を与えることができる［229頁］
・メンバーの自己効力感を意識した目標は、チャレンジングかつアチーバブル（十分に挑戦的だけど、それでいて達成可能）である必要がある［232頁］
・チームの自己効力感を意識するマネジャーは、クイック・ウィンをうまく設計する［236頁］
・個人の自己効力感は、モデリング・エクスペリエンスを通じてチームの他のメンバーにも伝染していく［236頁］

第7章 ファシリテート：エゴは「取り除く」のではなく「うまく活かす」

・マネジャーがチームをつくるには、3人以上の人の集まりをまとめて、それぞれの役割を決め、全員を同じゴールに向かわせる必要がある［248頁］
・自分一人が目立って有名チームからスカウトされたい。そんなエゴがある一方で、「チームの勝利に貢献するプレイをしたい、そして優勝メンバーになって有名になりたい」などというエゴもある［251頁］
・マネジャーは後者のようなエゴを上手にファシリテートすることで、チームのパフォーマンスを最大化する［251頁］

・いくら嫌おうと、否定しようと、人間からエゴを取り去ることはできない［255頁］
・メンバーはそれぞれのエゴを、業務を通じて実現しようとするが、そこにはいくつかの選択肢がある［255頁］
・そんなメンバーのエゴが、勝手に望ましい方向に向いて揃うことは奇跡にも近い。だからそれらをファシリテートし、同じ方向を向かせるマネジャーという役割は、ビジネス組織には欠かせない［256頁］
・マネジャーは、メンバーがそれぞれ持っている目標同士の関係に気を配ることで、メンバーそれぞれのエゴの足並みを揃えることができる［260頁］
・メンバーが持っている目標同士を関連づける一番確実な方法は、それぞれをチーム全体のゴールと紐づけること［260頁］
・KPIをツリーで整理することで、各部門それぞれの業務が、どのようにチーム全体のゴールとつながっているのかを見える化できる［269頁］
・各自ツリーに登場するアイテムにフォーカスしてもらうことで、全員が同じ方向を向いていること、そしてお互いの業務が共通のゴールの下につながっていることを担保できる［269頁］
・KPIツリーで整理した各部署の目標は、「前向きな相互監視」を生み出すため、チーム全体で議論し合意する必要がある［273頁］
・マネジャーは定例会議などでの進捗共有をルール化・フォーマット化し、それを徹底させることで、メンバーのお互いに対する説明責任の番人になる［273頁］

［著者略歴］

井上大輔（いのうえ・だいすけ）

OFFICE pianonoki代表。ニュージーランド航空、ユニリーバ、アウディでマネジャーを歴任。ヤフー株式会社 マーケティングソリューションズ統括本部 マーケティング本部長、ソフトバンク株式会社 コンシューマ事業統括 コミュニケーション本部 メディア統括部長などを経て現職。個人事業主としてマーケティングやマネジメントをテーマとした執筆・講演・企業研修などを行うほか、上場企業の執行役員としてマネジメントの実務にも現役で携わる。WASEDA NEO「早稲田マーケティングカレッジ」講師。

世界《せかい》のマネジャーは、成果《せいか》を出《だ》すために何《なに》をしているのか？

2025年5月11日　初版発行

著　者　井上大輔

発行者　小早川幸一郎

発　行　株式会社クロスメディア・パブリッシング
〒151-0051 東京都渋谷区千駄ヶ谷4-20-3 東栄神宮外苑ビル
https://www.cm-publishing.co.jp
◎本の内容に関するお問い合わせ先：TEL(03)5413-3140／FAX(03)5413-3141

発　売　株式会社インプレス
〒101-0051 東京都千代田区神田神保町一丁目105番地
◎乱丁本・落丁本などのお問い合わせ先：FAX(03)6837-5023
service@impress.co.jp
※古書店で購入されたものについてはお取り替えできません

印刷・製本　中央精版印刷株式会社

　ISBN978-4-295-41092-8　C2034